INMIGRACIÓN HONESTAMENTE

HONEST IMMIGRATION.

HONEST IMMIGRATION.

www.honestimmigration.com

ISBN: 978-1-7341372-3-1 (libro de bolsillo)
ISBN: 978-1-7341372-4-8 (libro electronico)

Aviso de Exención de Responsabilidad:

INMIGRACIÓN HONESTAMENTE

Cómo Permanecer en los Estados Unidos Legalmente y Convertirse en Residente Permanente Debido al Maltrato

ERIKA CISNEROS

HONEST IMMIGRATION.

CONTENIDO

Capítulo 1

Introducción

OPCIONES PARA OBTENER UN ESTATUS LEGAL PARA
INDOCUMENTADOS QUE HAN SIDO MALTRATADOS

Tu sueño americano se convirtió en una pesadilla americana.

Llegaste a los Estados Unidos por felicidad u oportunidades de trabajo, o la oportunidad de vivir en un país seguro y próspero.

En el camino, algo salió mal.

Tal vez te enamoraste, pero ahora tu cónyuge o pareja ya no te trata bien y has sido degradado y golpeado. El trauma emocional es horrible. Sientes que no hay a dónde ir. Nadie puede ayudarte y no sabes qué hacer.

Tal vez viniste a América con una oferta para trabajar. Pero el trabajo que aceptaste voluntariamente resultó ser agotador, inseguro, degradante o abusivo.

Quizás alguien en quien confiaste tomó tu pasaporte. O el pago que se suponía que recibirías nunca llegó. Tal vez has sido supervisado constantemente y no se te ha permitido hablar con nadie. No puedes irte. De lo contrario, has sido amenazado con daños o con ser reportado a inmigración. Quizás has escapado de esa situación o quizás todavía estás allí, deseando que alguien venga a salvarte.

Tal vez alguien te lastimó y tuviste que llamar a la policía para que te ayudara. Luego, le informaste a la policía todo lo que sabías para que pudieran atrapar al agresor. Pero después, seguiste sufriendo física o emocionalmente.

Ahora, te preguntas: "Si me voy, ¿a dónde voy"? "¿Alguien me ayudará o simplemente seré deportado a mi país de origen"?

Puedes Quedarte en los Estados Unidos y Convertirte en Residente Permanente

En los Estados Unidos, hay tres tipos de Visas Humanitarias que permiten que una persona se quede si ha sido maltratada, forzada a trabajar o forzada a cometer un acto sexual comercial: VAWA, Visa U y Visa T. No todos califican para estas Visas Humanitarias. Debes cumplir con los requisitos para obtener una.

Los beneficios de estas Visas Humanitarias son que: conducen a la residencia permanente, puedes solicitar la visa y la residencia dentro de los Estados Unidos, y no necesitas a nadie que haga tu solicitud.

Como abogada que ha ayudado a cientos de inmigrantes abusados en todo Estados Unidos a solicitar y obtener Visas Humanitarias me encuentro regularmente con clientes que no creen que ninguna de estas leyes pueda aplicarse a ellos. El proceso de la visa es complicado y hay muchas ideas falsas sobre la política de inmigración de los Estados Unidos, por lo que muchas personas no entienden que es posible permanecer en Estados Unidos mientras se busca una Visa Humanitaria.

Las siguientes son historias de personas que pensaban que no tenían opciones. Vivían ocultos de inmigración y temían lo que les podría suceder a continuación.

Cuando leas sus historias, verás muchas situaciones que hombres y mujeres de diferentes países han experimentado. Compara tu situación y ve qué Visa Humanitaria fue necesaria para ayudarlos a permanecer en el país legalmente. Ten en cuenta que también hay otras personas que se quedaron legalmente en el país debido a la injusticia que sufrieron.

Habrá una explicación de los requisitos para cada una de las visas. En estas historias, podrías encontrar una situación muy cercana a la tuya. Descubre las diferentes opciones y sepas que existe la posibilidad de justicia y una vida mejor.

Permítenos ayudarte a encontrar justicia.
Contáctanos en www.honestimmigration.com.

Capítulo 2

La Historia de Luciana

VAWA AYUDA A CÓNYUGES INDOCUMENTADOS DE
CIUDADANOS O RESIDENTES PERMANENTES DE LOS ESTADOS
UNIDOS A OBTENER UN ESTATUS LEGAL POR SU PROPIA CUENTA

Luciana jadeó por aire cuando Chris la sujetó contra el refrigerador y la ahorcó con una mano. Ella no podía moverse por el peso del cuerpo de él presionando contra el de ella. El apretó su mano alrededor de su cuello mientras sostenía un cuchillo en su cabeza con su otra mano. La falta de oxígeno hizo que su visión se volviera borrosa. Podía sentir que estaba perdiendo el conocimiento.

Ella lo arañó, empujando desesperadamente su pecho y tratando de liberarse, pero no pudo escapar. Vio sobre el mostrador el rodillo de la cocina que estaba usando momentos antes para preparar la cena de Chris.

Podía ver a los niños llorando y asustados en la sala después de ver a su padre agarrarla por el pelo y arrastrarla por el piso de la cocina. Habían visto como él golpeaba su cabeza repetidamente contra el piso con rabia en sus ojos. Luego, la levantó y la estrelló contra el refrigerador, gritando que le daría una lección.

Aterrorizados, vieron como ella trataba de luchar contra Chris. Pero él apretó su cuello aún más, estando todavía enfurecido.

Ella no podía consolarlos. No podía abrazarlos y decirles que todo iba a estar bien. ¿Estaría bien? ¿El padre de sus hijos la mataría esta vez?

Chris la había asaltado después de que ella interrumpió una llamada telefónica romántica con otra mujer. Luciana estaba harta de ser humillada por Chris, quien la trataba como si no existiera o la violentaba y abusaba de ella, y esta vez lo había confrontado por su infidelidad. Él lo negó todo, pero ella sabía que estaba mintiendo como él había mentido antes.

Esta vez ya había tenido suficiente. Estaba harta de años de abuso, de infidelidad y de sus frecuentes desapariciones de fin de semana. Pensó en todo el dolor que los niños habían sufrido a lo largo de los años debido a su egoísmo.

El único escape de todo era irse con los niños. Su decisión estaba plasmada en su cara. Verla darse la vuelta y alejarse de él lo enfureció y perdió el control.

Le arrojó su teléfono celular mientras ella se alejaba de él para provocarla y tomar el control, como lo había hecho muchas veces antes. Así era como él la haría cambiar de opinión. Así era como siempre se había salido con la suya. No importa lo que le haya hecho, él la convencería de quedarse con sus mentiras o la obligaría a quedarse con sus puños.

Luciana ya no iba a dejar que la lastimara más. Ella no iba a desperdiciar otro segundo de su vida escuchando las tonterías que salían de su boca. Ella agarró el teléfono celular y se lo devolvió. Ella se defendió por primera vez y le dijo que nunca volvería a lastimarla. La ira y la frustración que había retenido dentro durante años finalmente se liberaron.

En respuesta, él la atacó.

Atrapada contra el refrigerador, tenía una oportunidad de escapar de su agarre fatal, una oportunidad de liberarse antes de que él usara el cuchillo en contra de ella. Sus dos bebés ... ¿qué sería de ellos si no sobreviviera y se vieran obligados a quedarse con este maníaco que nunca los había aceptado? Él había rechazado su propia sangre, al igual que la rechazó a ella, su novia de la escuela.

Habían sido novios desde la secundaria. Él era estadounidense y ella era una inmigrante de Venezuela que vivía indocumentada en los Estados Unidos junto con su familia. Él era muy amoroso y amable con ella. Prometió que siempre la amaría y protegería. Ella y su familia pensaron que él era la mayor bendición porque podía proporcionarle un futuro prometedor.

Una vez que se casaran, él podría ayudarla a obtener la residencia legal en los Estados Unidos. Ella tendría la oportunidad de vivir el sueño americano, razón por la cual sus padres la habían traído a este país. Justo después de graduarse de la escuela secundaria, y después de que ella y Chris habían sido novios durante un par de años, Luciana quedó embarazada, por lo que se casaron antes de lo esperado.

Algo cambió después de que se casaron. Él se volvió frío, cruel y abusivo hacia ella. Más tarde, trató a los niños de la misma manera. A pesar de toda la infidelidad, la humillación y la observación impotente mientras golpeaba a sus hijos, ella se quedó porque pensaba que aún podía amarlo. Esperaba que el dulce chico del que se enamoró volviera la próxima vez que entrara por la puerta de la casa. Sin embargo, el chico que una vez conoció nunca volvería.

Respiró lo más profundo que pudo y reunió la poca fuerza que le quedaba para alcanzar el rodillo. Cada segundo contaba antes de que ella perdiera el conocimiento o él la matara.

Ella giró tan fuerte como pudo y lo golpeó en la cabeza. El golpe lo dejó inconsciente al instante. Ella trató de recuperar el aliento cuando cuerpo de él se aflojó y él cayó al suelo. Agotada y temblorosa, caminó sobre su cuerpo donde había caído.

Inmediatamente marcó el 911. El operador del 911 le dijo que buscara un lugar seguro para esperar a la policía. Entonces, la policía llegó y arrestó a Chris.

Luciana escapó con sus hijos mientras Chris estaba en la cárcel por violencia doméstica. Ella acudió a su familia en busca de ayuda para dejar a Chris y mudarse de la casa, que estaba solo a nombre de él. Luciana le dijo a su familia lo abusivo que había sido. Su familia no sabía cuán graves se habían vuelto sus problemas matrimoniales; nunca habían sospechado que algo así estuviera pasando con ellos. Siempre habían amado a Chris porque sabían cuánto lo amaba Luciana.

El Problema de Luciana

Luciana finalmente pudo escapar de su abusivo esposo ciudadano de los Estados Unidos después de varios años de abuso. Ella era libre de él, pero seguía siendo indocumentada. Aunque Chris estaba actualmente en la cárcel, ella aún temía de sus amenazas de deportarla una vez que él fuera liberado.

La historia de Luciana es común. Todos hemos escuchado y leído historias de mujeres que sufren violencia doméstica. Si bien las estadísticas no son concluyentes con respecto a los inmigrantes que son víctimas de violencia doméstica, los inmigrantes latinos son mucho menos propensos a buscar ayuda cuando son maltratados.

Proyecto de Concientización sobre la violencia doméstica. "¿Qué sabemos sobre la violencia doméstica dentro de las comunidades de inmigrantes"?[1]

Las mujeres a menudo no escapan de las relaciones abusivas, incluso si sus hijos también están sufriendo. A menudo deciden quedarse, a pesar de que continúan siendo maltratadas.

Algunos dirían que quedarse no es una opción porque nadie escoge ser abusado. El hecho de no irse podría considerarse más como una pérdida de esperanza, o miedo a lo desconocido, y / o falta de confianza. A pesar de como pueda ser llamado, el resultado es el mismo: ella se queda y continúa siendo abusada.

Pero, ¿qué lo hace diferente para aquellos que eligen no continuar en el ciclo? Tal vez no toman la decisión de irse o escapar, sino que simplemente deciden que las cosas no seguirán siendo lo mismo.

---

1 https://nrcdv.org/dvam/sites/default/files2/Immigration%26DV-TalkingPointsForm.pdf.

Un Mal Consejo

Antes de su pelea final con su esposo, Luciana había ido a ver a un abogado de inmigración para comenzar el proceso de petición familiar para poder solicitar la residencia basada en la ciudadanía estadounidense de su esposo. Luciana le explicó al abogado que su esposo no estaba dispuesto a ayudar con el proceso y que lo haría todo por su cuenta. Sin embargo, debido a que el abogado no había trabajado en casos de VAWA (Ley de Violencia contra la Mujer), el abogado le dijo a Luciana que no había forma de obtener la residencia a menos que fuera con la ayuda de su esposo a través del proceso de petición familiar.

Además, cuando Luciana mencionó que su esposo no estaba dispuesto a ayudar porque tenían problemas matrimoniales, el abogado le preguntó a Luciana si tenía un informe policial que demostrara que hubo violencia doméstica en el hogar. Desafortunadamente, el abogado no conocía los requisitos de VAWA, que no requieren un informe policial que demuestre que hay violencia doméstica en el matrimonio. En ese momento del matrimonio, Luciana nunca había denunciado el abuso a la policía. Fue la información errónea del abogado lo que le hizo creer que solo podría solicitar la residencia por su cuenta si previamente había denunciado el abuso a la policía.

Como tantas otras mujeres antes que ella, Luciana salió derrotada de la oficina del abogado, creyendo que la única forma de que ella se convirtiera en residente permanente era con la cooperación de su esposo. Durante el momento de la consulta, cuando Luciana mencionó que su esposo no estaba dispuesto a ayudarla a solicitar la residencia, un abogado familiarizado con VAWA habría hecho más preguntas para averiguar el *por qué*. La clave es descubrir si el esposo simplemente no está dispuesto a ayudar con el proceso de inmigración o si el esposo es abusivo.

La mala experiencia de Luciana con el abogado es bastante común para las personas en su situación. El abogado con el que Luciana consultó estaba confundiendo los requisitos para la Visa U con los requisitos para VAWA. Aunque VAWA requiere que el solicitante haya sufrido agresión / crueldad extrema por parte del ciudadano estadounidense o del cónyuge residente permanente, _**no**_ se requiere un informe policial.

No fue hasta que Luciana le confió a una amiga sobre el abuso que había sufrido todos esos años viviendo con Chris, que su amiga le contó sobre la opción de obtener un estatus legal para los cónyuges _indocumentados_ de ciudadanos o residentes permanentes de los Estados Unidos.

Luciana investigó por su cuenta en Internet y descubrió que, de hecho, existía una opción llamada VAWA para las mujeres indocumentadas maltratadas como ella que nunca se habían legalizado a través de sus cónyuges.

Luciana finalmente llamó a la oficina después de meses de vivir con la ansiedad de lo desconocido, preocupándose si ella realmente calificaría o si sería rechazada y le dirían que no podía hacer nada. Ella no sabía si podría soportar más dolor después de años de rechazo y abuso por parte del hombre que se suponía que era su protector y que una vez fue el amor de su vida.

Cómo Ayudamos a Luciana

Cuando Luciana vino a nosotros, estaba buscando esperanza. Ella quería encontrar una manera de obtener un estatus legal sin la ayuda de Chris. Obviamente, ella no quería tener nada que ver con Chris.

Durante la consulta, ella comenzó diciéndonos que estaba casada con un ciudadano de los Estados Unidos, pero que él nunca la había ayudado a obtener su estatus legal. Eso fue una indicación para nosotros de que ella podría ser elegible para VAWA. Por lo tanto, le preguntamos si había vivido con él en algún momento de la relación para determinar si cumplía con el requisito de residencia conjunta para VAWA. Ella confirmó que sí.

Sin embargo, fue la pregunta sobre si él la había maltratado alguna vez lo que la hizo dudar en responder. Después de una larga pausa, ella dijo que él le había gritado algunas veces y que su matrimonio tenía problemas como todos los otros matrimonios. Le aseguramos que la consulta que teníamos era privada y que Chris nunca sabría lo que nos contó. Le dijimos que no tenía que entrar en detalles sobre el maltrato, y que en cambio, podría responder algunas preguntas de sí o no.

Cuando le hicimos preguntas más generales sobre el maltrato, se sintió cómoda simplemente respondiendo sí o no. Le preguntamos si Chris había sido físicamente abusivo y ella dijo que sí. Le preguntamos si él había sido verbalmente abusivo y ella dijo que sí. Le preguntamos si alguna vez había abusado sexualmente de ella y la había obligado a tener intimidad con él, y ella dijo que sí.

Después de algunas preguntas más, le hicimos preguntas más específicas sobre los diferentes tipos de abuso. Le preguntamos si alguna vez la había abofeteado, pateado o golpeado. Le preguntamos si alguna vez la había maldecido, insultado o avergonzado. Le preguntamos si alguna vez había sido abusivo física o verbalmente mientras la obligaba a tener intimidad con él. De nuevo, ella respondió que sí a la mayoría de las preguntas.

Le dijimos que sabíamos lo difícil que debe haber sido la relación con Chris. También entendimos que no quería compartir los detalles del abuso debido a la vergüenza. Nos aseguramos de que ella entendiera que hemos trabajado con muchos clientes en situaciones muy similares y que no juzgamos a ninguno de nuestros clientes. Le aseguramos que estábamos allí para ayudarla a seguir adelante con su vida.

Luego, le preguntamos si podía compartir con nosotros la peor pelea que pudiera recordar con Chris. Luciana sollozó y comenzó a contarnos sobre el incidente que había llevado a Chris a la cárcel.

Le hicimos saber que VAWA era una opción para que ella obtuviera un estatus legal sin la ayuda de Chris. Respondimos sus preguntas y abordamos sus dudas y sus temores. Luciana finalmente se dio cuenta de que podía obtener un estatus legal sin la necesidad de tener a Chris para presentar una petición en su nombre. Chris no necesitaba ser parte del proceso en absoluto, y se pueden imaginar qué alivio fue esto para Luciana.

Luego ayudamos a Luciana en cada paso del proceso hasta que se tomó una decisión sobre su caso. Nos mantuvimos en contacto constante con ella incluso cuando solo estábamos esperando una decisión para asegurarnos de que estábamos trabajando activamente en su caso.

Comenzamos ayudando a Luciana a reunir los documentos para su caso, incluidos su certificado de nacimiento y pasaporte, y también su certificado de matrimonio.

También necesitábamos documentación o información que probara que el abusador era ciudadano o residente permanente de los Estados Unidos, y el solicitante tiene que mostrar prueba de que contrajo matrimonio de buena fe. En otras palabras, que el matrimonio se celebró porque la pareja estaba enamorada y no solo con el propósito de que el cónyuge indocumentado obtuviera la residencia permanente. Esto se puede demostrar con documentos que muestran que la pareja ha tenido hijos juntos, que la pareja comparte o ha compartido una residencia, una cuenta bancaria o un seguro, y/o tiene otras facturas a su nombre.

Al igual que con cualquier caso de inmigración, solicitar VAWA es mucho trabajo. Ahí es donde uno debe de prepararse, documentarse y organizarse antes de presentar el caso VAWA a inmigración. Es extremadamente importante que un solicitante coopere con la oficina de su abogado para obtener todos los documentos e información necesarios para que la oficina pueda completar el caso y enviarlo. Por lo general, es la cooperación del solicitante la que determinará cuánto tiempo llevará completar el caso y si estará listo para enviarlo.

Los casos de VAWA se presentan ante el Centro de Servicio de Vermont (VSC), que es un departamento de inmigración que maneja todas las solicitudes de Visas Humanitarias.

Después de enviar una solicitud, VSC emite un aviso de recibo al solicitante y el abogado notificándoles que su caso ha sido recibido y ahora está pendiente de procesamiento.

Luego, después de recibir el aviso de recibo, el solicitante recibirá una Carta de aprobación de Prima Facie o un aviso de intención de denegación. Una carta de aprobación de Prima Facie permite al solicitante solicitar asistencia pública mientras su caso está pendiente. Se da un Aviso de Intención de Denegación cuando el VSC no cree que el caso pueda ser aprobado. En ese momento, el solicitante tiene más tiempo para presentar pruebas que cambiarán la opinión del VSC sobre el caso.

Luego, el solicitante recibirá su aviso biométrico. Esto notifica al solicitante que tienen una cita para ir a la oficina de inmigración asignada para que les tomen sus huellas digitales.

Después de tomar las huellas digitales, el solicitante recibirá una decisión sobre su caso. Cuando reciben la decisión depende de los tiempos de procesamiento de los casos de VAWA en ese momento. Los tiempos de procesamiento de inmigración cambian constantemente, y los tiempos de procesamiento actuales se pueden encontrar en el sitio web del Servicio de Ciudadanía e Inmigración de los Estados Unidos.

Hacer que las Personas Entiendan que son Víctimas es la Parte más Difícil del Proceso

Desafortunadamente, las víctimas de violencia doméstica como Luciana no se encuentran en esta situación porque son malas personas. No es porque no les importen suficientemente sus hijos. No es porque estén locamente enamorados del abusador. No es porque sean débiles, tontas o cobardes.

Muchas mujeres y también hombres, a veces se ven obligados a permanecer en situaciones horribles. Puede que no estén forzados físicamente usando cadenas, cerraduras o golpes, pero pueden ser forzados con amenazas. Las amenazas de lastimar a la víctima o los niños son comunes, o el abusador puede incluso amenazar con lastimarse si la víctima trata de irse.

Es raro ver un caso en el que la violencia doméstica haya continuado sólo por un corto período de tiempo. Por lo general, cuando la víctima toma la decisión de escapar de la situación, es después de años de tratar de hacer que las cosas funcionen, de esperar que todo salga bien y, mientras tanto, sufre a manos del abusador.

Al igual que Luciana, muchas víctimas no buscan ayuda, especialmente cuando la víctima es indocumentada, y especialmente si la víctima está algo aislada y no rodeada de familiares y/o amigos. A veces, debido a su condición de indocumentados aquí en los Estados Unidos, no se dan cuenta de que pueden pedir ayuda. Pueden creer que ningún agente de la ley les creerá si buscan ayuda. Otros pueden pensar que incluso si se les cree, llamarán la atención sobre su estado de indocumentados y serán deportados.

Por lo general, el miedo a buscar ayuda está relacionado con su temor a que su estado de indocumentado sea expuesto.

Algunas víctimas buscarán ayuda con un abogado de inmigración porque entienden que si solo pueden obtener un estatus legal, pueden dejar al abusador o al menos buscar la ayuda que necesitan de la policía y no tener que preocuparse por ser deportados.

Sin embargo, un error común es que las víctimas no dicen la *verdad* sobre el abuso cuando buscan la ayuda de un abogado de inmigración. La víctima acudirá al abogado en busca de ayuda para convertirse en residente permanente simplemente porque está casada con un ciudadano o residente permanente de los Estados Unidos. Creen falsamente que el matrimonio sólo puede permitirles obtener el estatus legal que necesitan desesperadamente para escapar del abusador.

Además, es importante saber que muchos abogados *no* especializan en casos de VAWA y no entienden los requisitos del mismo. Por esa razón, muchas víctimas reciben consejos equivocados. Se les puede decir que no pueden obtener un estatus legal sin la ayuda de su cónyuge legal. Luego, la víctima dejará la oficina del abogado con el corazón roto y sin esperanza.

Por lo tanto, es importante que la persona que necesita ayuda hable con un abogado que conozca bien los casos de VAWA. El abogado sabrá qué preguntas hacer para determinar si la persona califica para esta visa. Estas preguntas deben formularse porque la mayoría de las víctimas no mencionarán el abuso, porque creen que hablar del abuso perjudicará sus posibilidades de convertirse en un residente permanente. No saben que esto no es cierto.

Al igual que Luciana, *si hablan* del abuso, pueden no hablar sobre el *alcance* del abuso. Pueden decir que tienen problemas *normales* en su matrimonio. Sin embargo, *normal* puede significar muchas cosas. Algunas víctimas han considerado ser abofeteadas con frecuencia y/o perseguidas con un cuchillo como algo *normal*. Otros han considerado verse obligadas a cocinar a las 3:00 a.m. para su cónyuge borracho como algo *normal*. Aunque puede que no haya abuso físico involucrado, *obligar* a alguien a hacer algo sigue siendo abuso.

Este es el punto en la conversación donde un abogado que entiende VAWA comenzará a hacer preguntas sutiles para que la víctima hable sobre el *abuso*. El primer consejo para lograr que la víctima hable sobre el abuso es no referirse a él como abuso. En cambio, debería referirse a él como *problemas en el matrimonio*.

Las víctimas que no hablan del abuso generalmente no lo hacen para proteger al abusador. No lo hacen porque no quieren darle una mala reputación al abusador. La víctima generalmente esconde el abuso porque está *avergonzada*. Muchas veces, provienen de una cultura en la que el matrimonio se considera sagrado y todo lo que sucede en él, incluido el abuso, no debe discutirse con nadie que no sea su cónyuge. Otras culturas dan a las mujeres una posición baja donde deben esperar cualquier trato que reciban de sus esposos y lo ven como algo normal.

Cuando he tenido un cliente que no quiere hablar sobre el abuso, pero continúa refiriéndose al matrimonio como "problemático", yo utilizo ejemplos. A veces, los ejemplos ayudan a la víctima a comprender que estas cosas también le suceden a otros. Los ejemplos también les ayudan a comprender lo que se considera abuso. Es posible que la víctima no sepa que un incidente específico se considera abuso.

El abuso que no es físico es mucho más difícil de ver para las víctimas del *abuso*. La víctima sabe que no está bien o que está lastimada, humillada o avergonzada por ello, pero no sabe qué es *abuso*. Esto sucede con el abuso económico o el aislamiento o las amenazas. Las víctimas descartarán el abuso económico, especialmente si son cónyuges que se quedan en casa. No sienten derecho a las finanzas ya que no trabajan fuera del hogar. El aislamiento a menudo se descarta como celos, y las amenazas también se pueden descartar.

Al igual que Luciana, muchas víctimas no se convencerán de la opción de obtener la residencia. Creen los rumores de otras personas que los han informado mal sobre lo que limitará sus opciones para solicitar la residencia. Luciana creía que no podía calificar para nada porque había ingresado a los Estados Unidos sin documentos. También creía que la única forma en que podría solicitar la residencia era si su esposo la ayudaba. Ambas creencias eran incorrectas.

Capítulo 3

Todo lo que necesita saber sobre VAWA

VAWA AYUDA A CÓNYUGES PADRES Y NIÑOS A OBTENER
RESIDENCIA CUANDO NADIE QUIERE AYUDARLOS
A CONSEGUIR UN ESTATUS LEGAL

Muchos solicitantes se asustan al querer solicitar VAWA incluso después de descubrir que existe esta opción. Temen que el abusador descubra que está aplicando para VAWA. Temen que el abusador se vea perjudicado si lo solicitan. Temen que deben abandonar el país para una entrevista con inmigración. Temen que con sólo aplicar inmigración descubra que viven de manera indocumentada en los Estados Unidos y vendrá a deportarlos.

¿El abusador se enterará de la aplicación VAWA?

La única forma en que un abusador puede enterarse de la solicitud es si el auto peticionario de VAWA le informa al abusador sobre la solicitud. El abogado que representa al auto peticionario de VAWA tiene la obligación legal bajo el privilegio abogado-cliente de mantener toda la información entre el abogado y el cliente en privado. El cliente puede compartir con otros cualquier información que decida, pero el abogado no está autorizado legalmente a hacerlo. Además, inmigración no notifica ni verifica al abusador si el auto peticionario de VAWA ha solicitado el mismo. Inmigración hace esto para proteger al auto peticionario de VAWA porque no hay forma de saber lo que el abusador le haría al auto peticionario de VAWA al enterarse.

¿Se hará daño al abusador porque el auto peticionario solicita VAWA?

Muchas veces, los auto peticionarios de VAWA se preocupan de que si solicitan VAWA, el abusador se verá afectado negativamente. Su preocupación puede deberse al hecho de que el auto peticionario de VAWA y el abusador tienen hijos juntos. Sin embargo, el abusador no se ve afectado de ninguna manera. Por lo tanto, si se hiciera una verificación de antecedentes del abusador, no aparecería la presentación de VAWA por parte del auto peticionario de VAWA. La solicitud VAWA no impide que el abusador pueda solicitar un trabajo, asistir a una universidad u obtener la custodia de sus hijos.

Los auto peticionarios de VAWA a veces creen que si solicitan VAWA, el abusador será arrestado o al menos interrogado por la policía. Sin embargo, eso no es verdad. La policía no se involucra de ninguna manera solo porque el auto peticionario ha solicitado VAWA.

¿El solicitante debe viajar fuera de los Estados Unidos para una entrevista para VAWA?

Los auto peticionarios de VAWA no tienen que viajar fuera de los Estados Unidos para arreglar a través de VAWA. La solicitud se completa mientras vives en los Estados Unidos. La cita de biométrica para huellas dactilares se realiza dentro de los Estados Unidos. Cuando se otorga la auto petición VAWA, se envía por correo al auto peticionario dentro de los Estados Unidos. A diferencia de un proceso de petición familiar en el que un miembro de la familia solicita al beneficiario, con una auto petición VAWA no hay una entrevista consular en el país de origen del solicitante.

¿Inmigración descubrirá que el solicitante está viviendo de manera indocumentada en los Estados Unidos y vendrá a deportarlo?

Una de las mayores preocupaciones para las personas que viven indocumentadas en los Estados Unidos es que inmigración descubrirá que aquí están de manera indocumentada. Por lo tanto, creen que al no presentar una solicitud de inmigración esto les ayudará a permanecer ocultos de inmigración y a salvo del riesgo de ser deportados.

Sin embargo, permanecer *indocumentado* mantiene a la persona en riesgo de ser deportada en cualquier momento. Cada día que una persona vive indocumentadamente en los Estados Unidos, corre el riesgo de ser deportada. No porque la persona haya hecho algo terrible o criminal para causar la deportación, sino simplemente por el hecho de que la persona este indocumentada es una razón para estar en riesgo de deportación.

Inmigración ya sabe que hay millones de personas que viven indocumentadas en los Estados Unidos. Descubren esto de muchas maneras. Hay muchos niños indocumentados inscritos en el sistema escolar que probablemente también tengan padres indocumentados. Hay personas que presentan sus impuestos utilizando números ITIN que tienen residencias dentro de los Estados Unidos. Hay personas indocumentadas que dan a luz a niños en los hospitales cada año que figuran en los certificados de nacimiento del niño como nacidos fuera de los Estados Unidos. Muchos departamentos de policía tienen registros de personas indocumentadas que han sido detenidas por no tener una licencia de conducir. Muchas personas indocumentadas han solicitado personalmente beneficios del gobierno o han solicitado beneficios en nombre de sus hijos. El punto es que hay muchas formas en que inmigración puede descubrir quién es indocumentado y dónde vive.

Otra forma fácil en que inmigración encuentra a las personas que viven indocumentadamente es presentarse en los lugares de trabajo o en las ciudades o establecer retén en las carreteras. Para inmigración no es difícil encontrar a alguien indocumentado.

La razón por la que hay tantas personas indocumentadas que continúan viviendo en los Estados Unidos es porque inmigración no tiene los recursos o el personal para localizar y detener a cada persona indocumentada. Lo que la gente no entiende es lo costoso que es rastrear a una persona.

¿Por qué solicitar la obtención de estatus legal es la mejor opción?

Lo mejor que puede hacer una persona indocumentada es encontrar una forma de obtener un estatus legal en los Estados Unidos. Esto comienza con el primer paso simple de buscar asesoramiento legal de un abogado de inmigración con licencia. Al descubrir que hay una opción, la persona debe continuar solicitando esa opción. No hay ningún beneficio en tener una opción pero no solicitarla. *Si una persona es detenida, el tribunal de inmigración quiere saber si la persona está solicitando un proceso de inmigración que le permitirá permanecer legalmente en los Estados Unidos.* De lo contrario, en la mayoría de los casos, el tribunal de inmigración ordenará la deportación de la persona indocumentada porque no tendría sentido tener un tribunal de inmigración si la persona indocumentada pudiera quedarse sin tener que obtener un estatus legal.

Requisitos para Calificar para VAWA

Aunque VAWA significa "Ley de Violencia Contra la Mujer" (por sus siglas en inglés), tanto hombres como mujeres pueden obtenerla. La persona que solicita VAWA se llama "VAWA Self-Petitioner" en inglés.

Para calificar para VAWA, el auto peticionario de VAWA debe cumplir con los siguientes requisitos básicos.

Primero, el auto peticionario de VAWA debe ser un niño, padre o cónyuge maltratado.

Un niño maltratado debe ser menor de 21 años, soltero y abusado por un ciudadano o residente permanente de los Estados Unidos. El VAWA Self-

Petitioner también puede solicitar VAWA después de los 21 años, pero antes de los 25, si se puede demostrar que el abuso fue la causa del retraso en la presentación del caso.

Un padre maltratado debe ser el padre de un hijo o hija ciudadano de los Estados Unidos que tenga al menos 21 años de edad al momento de solicitar VAWA. El padre de un residente permanente no podría presentar una solicitud.

Para los cónyuges maltratados, el indocumentado VAWA Self-Petitioner debe estar casado o divorciado recientemente de un ciudadano o residente permanente de los Estados Unidos.

Si la pareja vive separada, entonces la pareja aún se considera como casada. Incluso si la pareja ha estado viviendo por separado durante años o incluso décadas, todavía están casados siempre y cuando ni el demandante de VAWA ni su cónyuge hayan solicitado y se les haya concedido el divorcio.

Una pregunta que me hacen los auto peticionarios de VAWA que han estado separados durante muchos años y, a veces, incluso durante una década es: "¿Cómo sé si todavía estoy casado con mi cónyuge"? Es importante saber que no existe una ley que divorcie automáticamente a las parejas que han estado separadas por largos períodos de tiempo. Por lo tanto, el divorcio requeriría que uno de los cónyuges solicite el divorcio y luego se lo otorgue y lo ordene un juez. La forma más simple para que el auto peticionario de VAWA averigüe si ha habido un divorcio es preguntarle a su cónyuge si alguna vez ha solicitado y se le ha concedido el divorcio. Sin embargo, si no hay comunicación entre los cónyuges, entonces descubrir si hay un divorcio puede ser imposible. La razón por la que puede ser difícil de entender se debe a que un cónyuge ciudadano o residente permanente de los Estados Unidos podría haberse divorciado en cualquier parte del país. No es obligatorio divorciarse en la misma ciudad o estado donde se casó. Eso significaría tener que verificar cada ciudad y estado del país para averiguar si se otorgó el divorcio.

Muchas personas piensan que su cónyuge no puede divorciarse sin su permiso y firma. Por lo tanto, suponen que debido a que no han firmado un divorcio, no pueden divorciarse. Sin embargo, muchos tribunales otorgarán el divorcio a una persona sin el conocimiento de su cónyuge. Incluso si hay hijos mutuos, un juez puede otorgar el divorcio. Conceder el divorcio no es lo mismo que decidir la custodia de los hijos. La custodia de los hijos es algo que un juez solo puede decidir con el permiso de ambos cónyuges. Por lo tanto, si una pareja tiene hijos en común, un cónyuge puede obtener el divorcio sin el permiso del otro cónyuge. Pero la custodia de los niños permanecerá indeterminada.

Si la pareja se divorcia, el divorcio no debe tener más de dos años. Conforme a VAWA, un auto peticionario de VAWA que se haya divorciado de un cónyuge ciudadano o residente permanente de los Estados Unidos hace más de dos años ya no calificará para VAWA. La fecha que determinará la marca de dos años del divorcio es la fecha en la orden del juez que otorga el divorcio. Esta fecha no debe confundirse con la fecha de presentación del divorcio.

Si cualquiera de los cónyuges ha solicitado y se le ha concedido el divorcio, el auto peticionario de VAWA no debe casarse con nadie más hasta después de haber tomado una decisión sobre su caso VAWA. Casarse automáticamente acabará con su oportunidad de obtener una visa bajo VAWA. Esta regla no indica que el auto peticionario de VAWA nunca podrá casarse de nuevo. Simplemente significa que el matrimonio debe tener lugar después de que se haya decidido el caso VAWA; de lo contrario, descalificará al auto peticionario de VAWA para obtener una visa bajo VAWA.

Si el cónyuge ciudadano o residente permanente de los Estados Unidos falleció, la regla es la misma que si hubiera habido un divorcio. El auto peticionario de VAWA debe solicitar VAWA dentro de los dos años posteriores a la muerte del cónyuge ciudadano o residente permanente de los Estados Unidos. Del mismo modo, el auto peticionario de VAWA no puede casarse con nadie hasta que el caso de VAWA haya sido decidido por inmigración. El matrimonio descalificaría al auto peticionario de VAWA de calificar para una visa bajo VAWA.

En segundo lugar, el auto peticionario de VAWA y el abusador deben haber residido juntos.

Un niño maltratado debe haber residido con el padre abusivo.

Un padre maltratado debe haber residido con el hijo o hija abusador que es un ciudadano de los Estados Unidos.

Para cónyuges maltratados, el cónyuge ciudadano o residente permanente de los Estados Unidos del cónyuge indocumentado debería haber vivido junto a ella.

No hay límite en la cantidad de tiempo que el auto peticionario de VAWA tuvo que vivir con el abusador. Lo importante es que vivieron juntos en algún momento.

El auto peticionario de VAWA debe presentar prueba de residencia conjunta.

Para un niño o un padre, la prueba de residencia conjunta puede ser en forma de registros escolares, registros médicos o registros de un departamento de servicios para niños y familias.

Para los cónyuges, esto puede incluir pruebas en forma de una factura de servicios públicos, un contrato de arrendamiento, o cualquier otro correo que muestre que la pareja vivía en la misma dirección.

*En tercer lugar, el auto peticionario de VAWA debe haber sufrido agresión/ crueldad extrema por parte del padre o cónyuge que es ciuda*dano estadounidense o residente permanente o hijo o hija ciudadano estadounidense.

El abuso y el maltrato pueden venir en muchas formas diferentes.

El abuso puede ocurrir en muchas formas. El más común es el abuso físico. El abuso físico puede incluir morder, arañar y tirar del cabello, además de bofetadas, puñetazos y patadas.

Si la persona no está siendo maltratada físicamente, a veces puede ser confuso si puede cumplir con este tercer requisito. Esto es especialmente cierto para los hombres que son víctimas en la relación. Muchos hombres ni siquiera consideran el abuso físico como maltrato. De hecho, considerarán el abuso normal solo porque son hombres.

También hay otros tipos de abuso que son muy comunes, pero no reconocidos como abuso en la relación. A continuación, discutimos estos diferentes tipos de abuso y mostramos cómo se manifiestan en una relación.

ABUSO EMOCIONAL: Este tipo de abuso es muy común. Puede incluir maldiciones, gritos, humillaciones, acusaciones falsas y comportamiento de control. Algunas veces el abusador usará nombres racistas para dirigirse a la víctima. El abusador puede humillar a la víctima delante de los niños, o delante de la familia y amigos, mediante el uso de nombres racistas o invocando el estado indocumentado de la víctima. Las constantes acusaciones por infidelidad también entran en esta categoría, además de controlar la forma en que se viste la víctima. El control total sobre cualquier área de la vida de la víctima es abuso emocional.

ABUSO ECONÓMICO: Esto puede ser complicado porque en un hogar donde hay abuso económico generalmente solo hay un cónyuge que apoya financieramente a la familia. Sin embargo, muchas veces es el abusador quien toma el control total de las finanzas, y la víctima queda sin acceso a ellas. Otras veces, la víctima se queda pagando todos los gastos de subsistencia y es el abusador quien gasta las finanzas descuidadamente hasta el punto de que no hay suficiente para las necesidades del hogar.

ABUSO SEXUAL: Esto también puede ser un área gris porque las víctimas no entienden que tienen el derecho a negarse a tener relaciones sexuales con su cónyuge. La víctima generalmente es forzada físicamente a tener relaciones sexuales. Durante la relación sexual, el abusador también puede ser físicamente abusivo o hacer que la víctima haga cosas incómodas, degradantes o dolorosas.

USO DE LOS NIÑOS: Muchos abusadores usarán a los niños para controlar y manipular. El abusador puede usar a los niños para mantener a la víctima en la relación. A veces, el abusador amenazará con irse y llevarse a los niños para que la víctima nunca los vuelva a ver. Otras veces, el abusador pondrá a los niños en contra de la víctima.

AMENAZAS: Las amenazas son muy comunes en las relaciones abusivas. La amenaza de deportación se usa con frecuencia en las relaciones donde hay un cónyuge indocumentado. El abusador puede amenazar abiertamente con deportar a la víctima o puede ser más sutil al amenazar con llamar a la policía. En algunas situaciones, si el abusador ya ha comenzado el proceso de inmigración para ayudar a la víctima a obtener la residencia permanente el abusador puede amenazar con retirar la solicitud.

UTILIZAR SU ESTATUS DE CIUDADANO O RESIDENTE PERMANENTE DE LOS ESTADOS UNIDOS: El abusador puede usar a su estatus de ciudadano o residente permanente de los Estados Unidos para convencer a la víctima de que ninguna autoridad legal le creería a la víctima sobre el abuso debido al estatus legal del abusador. El abusador también puede usar su estatus legal para convencer a la víctima de que tiene derecho a tomar todas las decisiones con respecto a los niños.

INTIMIDACIÓN: Por ejemplo, el abusador puede destruir o amenazar con destruir los documentos importantes de la víctima, como un pasaporte, una tarjeta de identificación u otros documentos que provienen del país de origen de la víctima.

AISLAMIENTO: El aislamiento puede comenzar gradualmente a medida que el abusador limita el contacto de la víctima con los demás. Puede comenzar limitando el tiempo de la víctima llamando o visitando amigos. Luego, puede pasar a incluir tiempo limitado con la familia. Otras veces, el abusador exige que la víctima no llame ni visite a ningún familiar o amigo.

¿Qué Pasa si Nunca Fui Maltratado Físicamente?

Esta es una de las preguntas más comunes que escucho. Por lo general, la víctima afirma que nunca fueron maltratados físicamente, lo cual es cierto en casos excepcionales. Sin embargo, generalmente es el caso de que hubo algún abuso físico en la relación, pero la víctima lo ha desestimado al considerar el trato "normal".

Las víctimas se han referido a que las abofetearon, las arañan, les jalaron el brazo o el cabello, las hicieron tropezar o las pellizcaron como abuso físico "normal" en la relación. Este abuso puede parecer insignificante para la víctima porque solo ha sucedido ocasionalmente o no causó daños graves. Otras veces, este tipo de abuso es culturalmente aceptado en una relación. Además, la cultura de la víctima puede prohibir que el cónyuge hable del abuso físico.

No Tengo un Informe Policial, entonces, ¿Cómo Me Creerá Inmigración?

VAWA no requiere un informe policial. Este ha sido un concepto erróneo desde que la *Visa U*, que se reserva para las personas que son víctimas de actividades delictivas y están dispuestas a ayudar a las autoridades, *requiere* que la víctima demuestre que ha sido útil, será útil o probablemente será útil para la aplicación de la ley en la investigación y el enjuiciamiento del delito. La forma más fácil de demostrar esto es proporcionando un informe policial que muestre que la víctima ha ayudado a la policía a denunciar el delito. Desafortunadamente, muchos abogados que no están actualizados en VAWA brindan información incorrecta con respecto a la prueba que se requiere para la misma.

El hecho de que no se requiera un informe policial no significa que no se necesiten pruebas. El solicitante debe incluir, como parte de su auto petición firmada de VAWA, un testimonio escrito que describa en detalle el abuso que sufrió.

Hoy, hemos olvidado el valor de nuestra palabra. Por lo tanto, los solicitantes no entienden por qué alguien les creería sin un informe policial o el testimonio de terceros del abuso. Los solicitantes no creen que su palabra tenga ningún valor. Por lo tanto, creen que necesitan evidencia para dar credibilidad a su palabra.

Sin embargo, Inmigración es todavía muy a la vieja usanza, y valora y da credibilidad al testimonio de un solicitante. La credibilidad proviene del detalle en la declaración personal del solicitante que describe el abuso. La firma del solicitante en la declaración personal establece aún más la verdad.

Casarse con un ciudadano o residente permanente de los Estados Unidos nunca es una ruta automática para obtener un estatus legal.

Las personas que no están familiarizadas con el proceso de inmigración asumen que convertirse en residente permanente es rápido y fácil después de casarse con alguien que es ciudadano o residente permanente de los Estados Unidos. Poco saben que el proceso costoso puede llevar varios años y es muy arriesgado porque generalmente requiere tener que salir de los Estados Unidos para hacer una entrevista en el Consulado de los Estados Unidos en el país de origen del beneficiario.

¿Por qué es tan arriesgado? Bueno, porque no hay garantía de que el beneficiario será aprobado para la residencia y podrá regresar a los Estados Unidos. Si al beneficiario se le niega la residencia, entonces el beneficiario está atrapado en su país de origen y no puede regresar a los Estados Unidos. Tener hijos ciudadanos de los Estados Unidos, tener un negocio establecido en los Estados Unidos, haber vivido en los Estados Unidos durante más de una década, o incluso el hecho de que su familia no pueda hablar el idioma del país de origen del beneficiario no hará ninguna diferencia. El beneficiario está atrapado sin ninguna opción de regresar a los Estados Unidos. Una familia puede ser destrozada en un instante.

También se cree que casarse con alguien que es ciudadano o residente permanente de los Estados Unidos le dará automáticamente la residencia al cónyuge. Por otro lado, hay personas que creen que la residencia no es automática, pero que se garantiza al cónyuge al solicitarla. Ambas creencias están equivocadas. La residencia no es automática y ciertamente no está garantizada para el cónyuge de un ciudadano o un residente permanente de los Estados Unidos.

Desafortunadamente, es común que el cónyuge de un ciudadano estadounidense o residente permanente no pueda obtener la residencia a través del matrimonio. Esto no tiene nada que ver con que el cónyuge indocumentado cometa un delito grave. Sin embargo, tiene todo que ver con leyes de inmigración anticuadas que evitan que estos cónyuges obtengan residencia debido a sus entradas indocumentadas a los Estados Unidos.

Por lo general, un cónyuge indocumentado no puede obtener la residencia debido a una ley que se conoce como el "Castigo de 10 años", la "Barra de 10 Años" o la "Barra Permanente". Esta "Barra de 10 Años" prohíbe que el cónyuge indocumentado obtenga la residencia si acumuló más de un año de presencia ilegal en los Estados Unidos y salió fuera del país. La "Barra Permanente" prohíbe que el cónyuge indocumentado obtenga la residencia si acumuló más de un año de presencia ilegal en los Estados Unidos, salió de los Estados Unidos y luego regresó a los Estados Unidos sin documentos. Para eliminar las barras, el cónyuge indocumentado debe esperar 10 años fuera de los Estados Unidos antes de comenzar el proceso de residencia.

Es común que alguien que ha estado en los Estados Unidos por más de unos años esté bajo la barra permanente porque ha estado en los Estados Unidos por más de un año sin documentos, ha salido de los Estados Unidos y luego regresó. Las personas salen de los Estados Unidos por muchas razones diferentes, más comúnmente para visitar a familiares, visitar a familiares con enfermedades terminales o asistir a funerales familiares.

Aunque hay una forma de evitar estas barras que es vivir fuera de los Estados Unidos durante 10 años, no es realmente factible. La mayoría de las personas, y especialmente la mayoría de las parejas, no pueden vivir fuera de los Estados Unidos durante una década. El límite de tiempo exagerado no solo es un problema, sino que muchas de las personas tienen compromisos en los Estados Unidos, como carreras profesionales, niños y familiares. Otros pueden encontrar el paso imposible porque no conocen el idioma o la cultura ya que han vivido en los Estados Unidos la mayor parte de sus vidas.

¿QUÉ SUCEDE DESPUÉS DE SOLICITAR VAWA?

✓ **30 DÍAS DESPUÉS DE ENVIAR SU SOLICITUD A INMIGRACIÓN, RECIBIRÁ UN RECIBO QUE INDICA QUE SU CASO ESTÁ PENDIENTE.**

✓ **120 DÍAS DESPUÉS DE ENVIAR SU APLICACIÓN A INMIGRACIÓN, RECIBIRÁ SU CITA BIOMÉTRICA.**

✓ **60 - 90 DÍAS DESPUÉS DE ENVIAR SU SOLICITUD A INMIGRACIÓN, RECIBIRÁ OTRA NOTIFICACIÓN.**

✓ **SU CASO SERÁ PROCESADO DE ACUERDO CON LOS TIEMPOS DE PROCESAMIENTO QUE SE ENCUENTRAN EN EL SITIO WEB WWW.USCIS. GOV, LUEGO RECIBIRÁ UNA DECISIÓN SOBRE SU CASO.**

Los tiempos de procesamiento son aproximados.

HONEST IMMIGRATION.

www.honestimmigration.com

Capítulo 4

La Historia de Natalia

Natalia nació en Honduras y estaba casada con Iván, quien es ciudadano de los Estados Unidos. Se conocieron en Chicago, Illinois. En ese momento, ella vivía en una casa con su prima. Iván era el hombre más dulce que había conocido y estaba enamorada de él. La trataba como a una princesa.

Aunque solo eran novios, Iván siempre se aseguraba de que ella tuviera lo que necesitaba. Ella sintió que había encontrado a su Príncipe Azul.

Una noche, mientras salían a cenar con unos amigos, él le propuso matrimonio. Ella estaba extasiada. Para honrar la tradición, Iván había llamado previamente y pedido a su padre en Honduras su mano en matrimonio. Sus familias estaban felices. Tuvieron una pequeña boda íntima con su familia, su prima y algunos amigos cercanos.

Justo después de la luna de miel, se mudaron a una casa en Chicago con dos de los primos de Iván y sus esposas, y vivieron juntos durante cinco años.

El Comienzo de la Violencia

Inmediatamente después de casarse, Iván comenzó a cambiar. Cualquier cosa lo frustraba y hacía que perdiera los estribos. A ella no le molestaba demasiado que él siempre tuviera cambios de humor, hasta que un día fue de mal en peor.

Salieron a cenar una noche. Cuando llegaron al restaurante, ella salió del auto y dejó su chaqueta dentro de él. Ella llevaba una camiseta sin mangas. Iván se enojó con ella cuando notó que se había quitado la chaqueta. La empujó hacia el auto. Él le exigió que volviera al auto y se pusiera la chaqueta. Ella no tenía idea de por qué estaba tan enojado; todo había estado bien solo unos momentos antes. Ella explicó que acababa de olvidar la chaqueta. Iván se puso furioso. Entró al restaurante con todos los demás e hizo que ella se quedara en el auto. Amenazó con hacer una escena si ella entraba. Se estaba congelando sin el calentador encendido, así que llamó al teléfono celular de todos para que calmaran a Iván, pero nadie respondió para ayudarla.

No pasó mucho tiempo antes de que Iván criticara todo sobre ella, su ropa, su cocinar, su forma de hablar, sus modales, y su peso. Encontraría la cosa más pequeña para gritar y nada era lo suficientemente bueno para él. Ella sintió dolor emocional cuando la comparó con otras mujeres y las esposas de sus primos. Dijo que odiaba todo sobre ella y que deseaba que nunca se hubieran casado.

Iván elegiría su ropa para ella porque si ella se vestía sola, él la cambiaría hasta que estuviera satisfecho con lo que llevaba puesto. A veces, estaba tan disgustado con ella que tiraba su ropa a la basura y derramaba grasa sobre ella para que no pudiera sacarla de la basura.

Humillación Familiar

Ella odiaba los fines de semana porque sus amigos solían venir. Sus primos también invitarían a sus amigos. Entonces, Iván actuaría como presentador de circo y ella era tratada como el payaso. Hacía bromas y todos se reían. Estaba avergonzada y se sentía humillada. Incluso entonces, su familia no se daba cuenta de lo hiriente que estaba siendo, o simplemente no les importaba. Se sentía inútil y no deseada, y no podía entender cómo Iván había pasado de ser el hombre de sus sueños a alguien que la hacía sentir como si estuviera viviendo un infierno en la tierra.

No pasó mucho tiempo antes de que ella no tuviera en absoluto amigos. Cuando sus amigos la invitaban a salir, Iván no la dejaba ir. Cada vez que un amigo llamaba, Iván la hacía colgar. También le prohibió ver a su prima, que era el único pariente que tenía en la ciudad.

Obligada a Dejar de Trabajar

Iván la obligó a renunciar a su trabajo porque dijo que si ella no renunciaba, él encontraría la forma de que la despidieran. Ella no podía salir de la casa sin él, y él vendió su auto para que no pudiera conducir a ningún lado. Ella dependía completamente de él para todo, que era justo lo que él quería: poder controlarla.

Una vez que la obligó a dejar de trabajar y conducir, ella se quedó sin las muchas cosas a las que se había acostumbrado. Ella no tenía un solo centavo a su nombre. Iván no le daba dinero y ella no sabía qué hacía él con su dinero.

La situación financiera empeoró mucho una vez que nació su primer hijo. Había tantas cosas que necesitaban para el bebé, pero Iván se negaba a comprarlas. No le permitió comprar pañales desechables porque él decía que lo criarían con pañales de tela. Sin los ingresos de ella, apenas podían llegar a fin de mes.

Iván es Apuñalado en el Trabajo

Un día, Iván fue víctima de una agresión agravada en el trabajo. Fue apuñalado varias veces y su primo, que casi murió en el ataque, quedó paralizado del cuello para abajo.

Natalia odiaba lo que les había sucedido a Iván y su primo, pero pensó que Iván podría cambiar. Podría ser una llamada de atención para que aprecie lo que tiene en su vida. Ella decidió perdonar a Iván por cómo la había tratado en el pasado y por el bien de su familia. Esta era su oportunidad de mostrarle a Iván cuánto lo amaba y que las cosas volverían a ser como eran cuando salían.

Iván había sido apuñalado en el abdomen, por lo que ella preparó comidas líquidas especiales para que él pudiera digerir la comida. Ella hizo todo lo posible para hacerle las mejores comidas posibles y lo checaba con frecuencia para asegurarse de que siempre estuviera cómodo. Las cosas estuvieron bien durante unos días hasta que la medicina se acabo e Iván comenzó a permanq ecer despierto por períodos más largos.

El Abuso de Iván Empeora

Iván comenzó a tratarla incluso peor que antes del robo. Una noche, Iván decidió que quería ir a cenar con su familia. Todos estaban felices de que se sintiera lo suficientemente bien como para volver a comer en la mesa. Ella hizo su plato favorito en forma líquida para celebrar su mejora, y lo colocó frente a él con la esperanza de que esto lo hiciera feliz. Sin decir una palabra, le arrojó el líquido caliente en la cara. Quemaba horriblemente y no podía enfriarlo lo suficientemente rápido. Después, su cara se ampolló. Fue la cosa más dolorosa y humillante que jamás había experimentado.

Sola por Completo pero Rodeada de Su Familia

Toda su familia alrededor de la mesa vio todo en estado de shock. Pero ninguno de ellos la defendió ni se molestó en quitarle el líquido caliente de la cara ni le preguntó si estaba bien.

Fue en este día que se dio cuenta de que aunque vivía con miembros de su familia, ella estaba sola. Nadie iba a hacer nada para ayudarla a escapar de la miseria. Eran familia de Iván, no la suya. Esto la hizo aún más temerosa porque para ellos era aceptable que Iván la lastimara. Simplemente continuarían como si nada hubiera pasado.

Empieza a Beber

Una vez que Iván mejoró y regresó al trabajo, comenzó a beber alcohol, y no solo los fines de semana. Todas las tardes bebía hasta emborracharse y enojarse, y la insultaba constantemente. Era como si culpara a Natalia por todo lo que le había decepcionado en su vida.

Cuando él le gritaba, ella pudo sentir el odio, y se dio cuenta de que no había nada que pudiera decir o hacer para cambiar las cosas. A veces, él decía que estaba tan disgustado con ella que no podía soportar mirarla por un segundo más, y la echaba de la casa.

Violencia Hacia Su Amiga

Un día, una amiga a quien Natalia no había visto en mucho tiempo descubrió dónde vivía y vino a visitarla. Mientras se sentaban en la sala de estar, Iván volvió a casa. Frente a su amiga, él exigió que Natalia fuera a su habitación y tuviera relaciones sexuales con él. Natalia estaba muy humillada y avergonzada.

La amiga no sabía qué decir o hacer y se sintió terrible por no poder ayudar. Luego, cuando Natalia no se movió lo suficientemente rápido, comenzó a tratar de quitarle la ropa frente a su amiga. Natalia lo empujó, pero él la llevó a la habitación, la estrelló contra la cama y la obligó a tener relaciones sexuales con él. Cuando terminó, ella se levantó y salió a la sala de estar, agradecida de que su amiga se hubiera ido.

Natalia quedó embarazada de nuevo, y se aferró a la esperanza de que esta sería la razón para que Iván cambiara. La noticia de su embarazo enfureció a Iván. La insultó de todas las formas posible y la hizo dormir en la sala de estar a partir de ese día.

Raramente la reconocía, pero cuando su barriga comenzó a crecer, comenzó a referirse a ella como un animal gordo. Se aseguró de insultarla hasta que ella lloraba todos los días.

Echada de Casa

Natalia nunca fue a la policía para denunciar el comportamiento abusivo de Iván hacia ella o los niños porque era indocumentada y temía ser deportada. Más que temer ser deportada, Natalia temía dejar atrás a sus hijos con su despiadado padre. Temía que no los cuidaran adecuadamente si ella no estaba cerca para cuidarlos. También temía no poder volver a verlos nuevamente al regresar a los Estados Unidos. Ella no sabía si Iván los mantendría alejados de ella o se alejaría para que no pudiera encontrarlos.

En sus ataques de ira, él la echaría y ella tendría que irse inmediatamente. La dejaría llevarse a los niños pero no recoger ninguna de sus cosas. Tenían que irse con la ropa que llevaran puesta. Sabiendo que podrían ser expulsados de su hogar en cualquier momento, siempre se aseguró de que estuvieran completamente vestidos y con zapatos. Su existencia se convirtió en un verdadero infierno.

Natalia le confió a su prima sobre el abuso, por lo que la dejó quedarse en su casa si lo necesitaba. Natalia se vería obligada a dejar todas sus pertenencias con él. Era otra forma de mostrarle que tenía el control. Pero cada vez que Iván la echaba de casa, él venía a buscarla al día siguiente. Golpearía la puerta de su prima, gritando y suplicando perdón. Avergonzada, su prima generalmente le pedía a Natalia que volviera porque temía que él también le causara problemas.

Las Promesas Vacías de Iván

A veces, Iván prometía cambiar y decía que las cosas iban a ser como habían sido en el principio. Natalia siempre sintió que no tenía más remedio que volver. Sin dinero y teniendo dos hijos, no había nadie que pudiera ayudarla económicamente.

Después de que ella regresara, él se comportaría bien durante un par de días y luego volvería a ser como antes. Luego, en poco tiempo, la amenazaría y la echaría de casa de nuevo.

El Escape

Un día fueron los policías quienes tocaron a la puerta y Natalia respondió. Preguntaron por Iván, pero ella les dijo que él estaba en el trabajo. La policía le dijo que lo estaban buscando porque había estado acosando a una niña.

Esa noche, Iván no regresó a casa y sus primos no dijeron nada sobre su paradero. Una semana después, Iván todavía no había vuelto a casa y nadie la actualizaba. Finalmente, un par de semanas después, Natalia escuchó hablar a sus primos y descubrió que Iván había sido arrestado. Mencionaron que iba a ser sentenciado a varios años de cárcel.

Natalia vio esto como su oportunidad de escapar. Ella contactó a una de sus amigas a quien también le había contado sobre el abuso. Al principio, la amiga dudaba en ayudar a Natalia, pero aceptó cuando supo que Iván estaba en la cárcel y no podía causarle problemas. Natalia y los niños se mudaron con su amiga y ella encontró un trabajo. Se quedó allí hasta que ahorró suficiente dinero para mudarse fuera del estado. Hasta el día de hoy, Natalia no ha visto a Iván ni ha tenido ninguna noticia sobre él. Ella cree que él todavía está en la cárcel.

Buscando Ayuda lo Antes Posible

Natalia debería de haber llamado a la policía mucho antes de que Iván la echara de la casa. Llamar a la policía después de que Iván la echara de casa con los niños probablemente la habría llevado a recibir ayuda de la policía para encontrar un refugio para mujeres maltratadas que le impidiera regresar a Iván. En situaciones de violencia doméstica, especialmente si hay niños involucrados, el enfoque es obtener ayuda para la víctima, y también es vital mantener a los niños alejados de la situación abusiva. La mayoría de los refugios para mujeres maltratadas no solo ayudan a las mujeres indocumentadas a encontrar ayuda para mantenerlas alejadas de la relación abusiva, sino que también tienen a alguien que las ayudará a obtener el estatus legal de inmigración. La asistencia se brinda para ayudar a la víctima indocumentada a que pueda ganarse la vida por sí misma y para sus hijos.

Puede Existir Abuso Sexual en un Matrimonio

El hecho de que estés casada no significa que tengas que actuar sexualmente de una manera que te sea aborrecible.

Durante su matrimonio, Iván obligaba a Natalia a tener sexo oral. Sabía que ella no se sentía cómoda con eso, pero no tenía otra opción. Si ella no quisiera practicarle sexo oral, él la agarraría del pelo y la obligaría a hacerlo.

Ella le suplicaba que no la obligara a hacerlo, pero eso solo lo enojaba más y lo hacía aún más agresivo. Su vida sexual no era romántica e íntima, todo era sucio y doloroso. Ella estaba disgustada por eso y le dolía tanto física como emocionalmente.

La respuesta de Iván a sus gritos y súplicas era que ella era su esposa y que tenía el deber de complacerlo. No era raro que tuviera moretones en todo el cuerpo después del sexo. La hizo usar ropa y maquillaje que cubrirían los moretones. Él le dijo que nunca revelara nada sobre su vida sexual y la amenazó.

Sin embargo, Natalia no le debía ningún deber sexual a Iván solo porque ella estaba casada con él. Natalia tenía todo el derecho de tomar decisiones sobre su propio cuerpo. Iván no era dueño de su cuerpo solo porque era su esposo. Natalia no tenía que hacer actos sexuales contra su voluntad o que le incomodaban.

En muchas culturas, a las mujeres no se les enseña que tienen una opción cuando se trata de tener intimidad con su esposo. Se les hace creer que su esposo tiene el derecho de usar su cuerpo para tener relaciones sexuales cuando y como quiera que lo elija. Es mucho menos común que se les diga a las mujeres cómo deben tratarlas sus esposos durante la intimidad. Nadie enseña a las mujeres la diferencia entre intimidad y abuso sexual. Es por esta razón que las mujeres no saben que están siendo abusadas sexualmente.

Aunque existe abuso sexual en los matrimonios, muchas mujeres ni siquiera se identifican como víctimas de abuso sexual. Estas mujeres no entienden que también hay límites durante la intimidad. El abuso, el dolor y la falta de respeto no tienen que ser aceptados.

La violación también existe en los matrimonios, pero nuevamente, las mujeres no se identifican como víctimas de violación. Estas mujeres no saben que pueden negarse a tener relaciones sexuales con su esposo. Tampoco saben que son víctimas de violación cuando su marido les obliga a tener relaciones sexuales.

Cómo Ayudamos a Natalia

Cuando Natalia vino a nosotros, había vivido bajo el control y abuso de Iván durante años. Debería de haber buscado ayuda mucho antes. Sin embargo, como Natalia, muchas mujeres no buscan ayuda porque tienen miedo o porque no saben cómo pedir ayuda o a *quién* pedir ayuda.

Ayudamos a Natalia a sentirse cómoda compartiendo su historia con nosotros. Cuando el abusador es el cónyuge, pedir ayuda puede ser vergonzoso. La víctima tiene que decirle a alguien que son víctimas en su propio matrimonio. Y esto requiere dar detalles sobre el abuso que probablemente sea incómodo y vergonzoso de hablar.

Le explicamos a Natalia los muchos tipos de problemas que pueden existir en un matrimonio para ayudarla a sentirse cómoda compartiendo su experiencia sobre el abuso que había sufrido. Para muchas mujeres abusadas sexualmente, existe el temor de que nadie crea su historia. La violación, después de todo, es algo que generalmente ocurre entre extraños, no cónyuges, o al menos eso es lo que mucha gente cree. Sin saber cómo reaccionará alguien cuando le dices que tu esposo te viola puede crear miedo, tanto que la víctima elegirá permanecer en silencio.

Inicialmente, Natalia no dio voluntariamente información sobre cómo Iván abusó sexualmente de ella. Normalmente, se debe preguntar a las víctimas de abuso sexual si hubo algún abuso en el dormitorio. Las víctimas generalmente responderán que su cónyuge les hizo tener relaciones sexuales a pesar de que no quisieron hacerlo, pero no saldrán y dirán abiertamente que su cónyuge las violó.

Le aseguramos a Natalia que estábamos allí para ayudarla, tal como hemos ayudado a muchos otros en situaciones similares. Al igual que Natalia, muchas víctimas no saben cómo pedir ayuda o a quién pedir ayuda. Natalia sabía que la familia de Iván vio el abuso, pero se negaron a ayudarla de alguna manera. Esto le dio a Natalia la falsa creencia de que nadie la ayudaría a escapar de Iván. También le dio a Natalia la falsa creencia de que tenía que soportar el abuso porque Iván era su esposo.

Ayudamos a Natalia a visualizar una vida que no incluía a Iván. A veces, las víctimas acuden primero a familiares o amigos en busca de ayuda. Sin embargo, eso puede ser una mala idea si no saben cómo ayudar a la víctima; o peor, alientan a la víctima a permanecer en la relación matrimonial abusiva y resolver las cosas con su cónyuge. Esto puede dar a la víctima la impresión de que depende de ellos mejorar o cambiar para hacer que el cónyuge pare el abuso.

Capítulo 5

La Historia de Franco

VAWA AYUDA A HOMBRES OBTENER UN ESTATUS LEGAL
CUANDO SUS ESPOSAS NO QUIEREN AYUDARLOS

Franco nació en Guatemala. Llegó a los Estados Unidos en el 2003 y se casó con Nicole, una ciudadana de los Estados Unidos.

Franco y Nicole se conocieron a través de un primo que estaba saliendo con su amiga.

Comenzaron a salir, divertirse y con frecuencia salían a cenar y al cine. Y a menudo salían en grupo con las dos hijas de Nicole de una relación anterior.

Franco amaba estar con Nicole y amaba a sus hijas como si fueran suyas. Salieron durante aproximadamente un año, luego se mudaron juntos a su departamento, donde vivía con su compañero de cuarto y la novia de su compañero de cuarto. Decidieron casarse.

Los Problemas Comienzan

Franco amaba a Nicole pero tuvieron problemas incluso antes de casarse. Estaban en la casa de la familia de Nicole, y él estaba viendo un partido de fútbol con su hermano. Nicole le pidió que fuera con ella a la cocina, y cuando él se negó. Ella agarró la lámpara de la mesa y lo golpeó varias veces, rompiendo la lámpara. El hermano de Nicole llamó al 911 porque pensó que

Franco estaba muerto. Franco no presentó cargos, lo que suele ser el caso con los hombres que son atacados por su novia o esposa.

Después de casarse, Nicole pareció volver a la normalidad. Pero entonces ella comenzó a cambiar.

Primero, Nicole comenzó a actuar de manera diferente a su alrededor y luego se volvió muy celosa y posesiva. Ella no quería que él saliera de la casa sin ella, y si lo hacía, se enojaba mucho.

Con el tiempo, su comportamiento controlador empeoró. El único lugar al que se le permitía ir sin ella era a su trabajo. No podía llegar tarde a casa o ella lo acusaría de tener una aventura, y llegó al punto de que no podía hablar con nadie.

Cuando él estaba en casa, ella no lo dejaba caminar afuera en el patio. Ella no lo dejaba mirar por la ventana porque creía que él estaba mirando a otras mujeres, y eventualmente, pintó las ventanas con pintura negra.

Franco quería huir, pero Nicole había amenazado con hacerle algo horrible o deportarlo si se iba.

A veces, cuando Franco llegaba a casa del trabajo, ella lo obligaba a ir directamente a la habitación. Si él no cumplía, ella se volvía físicamente agresiva.

A la hora de la cena, él sólo comía si ella hacía suficiente comida para que ambos comieran. Ella no le permitía agarrar comida de la cocina o del refrigerador.

Las Mentiras que Ella Contaba

Antes de su matrimonio, habían hablado de que Nicole comenzaría el proceso de inmigración para que él pudiera convertirse en residente permanente de los Estados Unidos con su ayuda. Cuando comenzaron ese proceso, el abuso empeoró.

Franco volvería a casa del trabajo y Nicole estaría drogada. Ella lo acusaba de estar con ella solo para obtener la residencia. Ella lo acusaba de ser infiel y afirmó que la dejaría por otra mujer. Ella se enojaba cuando Franco hablaba a la oficina del abogado por su cuenta respecto a su proceso de inmigración.

En ese momento, Nicole se volvió aún más estricta y no le permitió hablar con su familia. Franco sentía que vivía en un infierno.

La ira de Nicole se convirtió en gritos, insultos y abuso físico. Ella lo abofetearía hasta que se sintiera satisfecha. Y ella lo patearía, pellizcaría y tiraría de su cabello.

Franco era un alma perdida y aceptaba todo lo que se le hacía.

Abuso Sexual

Debido a la forma en que lo trataba, él ya no quería tener intimidad. Tenía miedo de estar cerca de ella. Pero debido a que él no quería tener intimidad con ella, ella asumió que era porque él la había estado engañando. Esto la enojaba aún más. Ella lo empujaba a la cama y le exigiría tener sexo. Si él decía que no, ella comenzaría a golpearlo y abofetearlo hasta que él siguiera sus órdenes. Si se defendía con violencia física, temía que ella llamara a la policía y que lo llevaran a la cárcel o que lo deportaran.

Ella lo obligaba a tener relaciones sexuales todos los días y pelearía con él si no lo tenía relaciones sexuales con ella, lo que hacía que llegara tarde al trabajo. Finalmente, su tardanzas le hicieron perder su trabajo, y era el único proveedor financiero de la familia.

Humillación Alrededor de Otros

Alrededor de otras personas, ella constantemente avergonzaba a Franco. Él evitaba las reuniones sociales con su familia y amigos porque ella gritaba y lo humillaba delante de ellos. Hubo momentos en público en los que ella lo golpeaba, lo maldecía y hacía una escena. Si alguien lo llamaba a su teléfono celular, tendría un ataque de ansiedad por lo que Nicole podría hacer.

Nicole también se aseguró de que Franco nunca recibiera información de la oficina de su abogado de inmigración, porque llamó y les contó mentiras sobre él.

La Última Gota y la Humillación

Después de que Franco perdió su trabajo, se mudaron a la casa de sus padres e inmediatamente esto se convirtió en una cárcel para Franco. Nicole convirtió a sus padres y sus hermanos que vivían allí en sus guardias de la prisión. Ella dio órdenes de que él no saliera de su habitación y les hizo que le contaran detalladamente todo lo que él hacía mientras ella estaba fuera. Todas las noches, ella salía de la casa y dejaba a sus hijas con él. Salía de fiesta con amigos y se drogaba. Muchas noches no volvía a casa.

El peor incidente ocurrió cuando los cuatro estaban en el auto. Nicole se enojó con Franco mientras conducía. Ella se volvió loca y a propósito los hizo conducir a la zanja. Nadie resultó herido, pero esa fue la gota que colmó el vaso. Ella también podría haber matado a sus hijas.

Escapando de Nicole

Franco escapó llevándose algunas cosas con él cuando iba a trabajar, asegurándose de que ella no se diera cuenta. Salía temprano del trabajo, compró un boleto de autobús y fue a quedarse con un primo que vivía fuera del estado. Al día siguiente, el primo de Franco le encontró un lugar para quedarse hasta que Nicole dejó de buscarlo. Estaba tan aterrorizado de lo que ella haría que bloqueó su teléfono y no salió de casa por una semana. Se encontró con uno de sus amigos del trabajo un par de semanas después. Se enteró que ella lo había estado buscando furiosamente y había amenazado a sus compañeros de trabajo con deportarlos por no decirle donde estaba él. Franco se había escondido durante meses, temeroso de que ella descubriera dónde estaba e intentara arruinar su vida.

El Problema de Franco

Después de que Franco dejó a Nicole, lo mejor para él habría sido solicitar VAWA de inmediato para poder comenzar el proceso para obtener su permiso de trabajo y número de seguro social y también para obtener su licencia de conducir. Dada la naturaleza agresiva de Nicole, Franco estaba preocupado de que Nicole lo encontrara y lo lastimara físicamente o lo deportara. Ahora que Franco ya no estaba en la relación abusiva, tenía que tomar medidas para obtener su residencia permanente para no tener que preocuparse de ser deportado.

Sin embargo, como la mayoría de las víctimas de violencia doméstica, Franco se encontraba en una situación en la que solo intentaba sobrevivir. No pensó en ir con un abogado para que lo ayudara a obtener la residencia permanente en los Estados Unidos. Solo quería estar lo más lejos posible de Nicole.

Por qué los Hombres Maltratados Luchan para Pedir Ayuda

Aunque buscar ayuda es lo bastante difícil para cualquier víctima de violencia doméstica, los hombres especialmente lo pasan mal porque no saben si alguien les creerá. Les preocupa que nadie les crea cuando dicen que su pareja o cónyuge abusa de ellos. Esto se debe a que la sociedad, y particularmente la cultura hispana, desaprueba a un hombre que no puede defenderse a sí mismo. Se espera que el hombre sea la figura autoritaria en el matrimonio.

Muchas veces, los hombres tienen problemas para expresar cómo fueron maltratados por su esposa. Las personas tienen la idea de que un hombre no tiene que preocuparse por el abuso físico o sexual de una mujer. Además, el aislamiento, la manipulación y el control económico son difíciles de explicar cuando la sociedad espera que el hombre tenga control sobre sí mismo y su hogar.

En el caso de Franco, había mucho que Franco podría haber hecho para protegerse de Nicole antes y después de que estuvieron juntos. Franco podría haber llamado a la policía, ya que no tenía que preocuparse por ser deportado simplemente porque era indocumentado. Hubiera sido mejor para Franco pedir un oficial de policía que hablaba español o tener a alguien allí que tradujera en inglés. Esto le habría permitido a Franco contar su versión de la historia en lugar de ser eclipsado por Nicole.

Si Franco no quisiera llamar a la policía por Nicole, podría haber buscado ayuda en un refugio para cónyuges maltratados o presentar una orden de restricción contra Nicole. Cualquiera de estas opciones habría protegido a Franco de sufrir más abuso. Hay refugios para cónyuges maltratados que aceptan hombres, y brindan la misma ayuda y asistencia que a las mujeres en la misma situación. Además, una orden de restricción habría mantenido a Nicole legalmente lejos de él. Al solicitar una orden de restricción, Franco podría haber explicado por qué estaba presentando la solicitud. Podría haber declarado que fue por su abuso y describir las cosas que ella había hecho.

Franco también podría haber buscado ayuda en la escuela de las niñas con respecto al abuso que las niñas presenciaron y de las que fueron víctimas. Las escuelas ayudan no solo a los niños sino también al miembro de la familia que sufre abuso. Franco ni siquiera tenía que denunciar el abuso a la escuela él mismo; podría haber alentado a las hijas de Nicole a hacerlo por su cuenta.

Cómo Ayudamos a Franco

Franco había estado separado de Nicole durante varios años antes de enterarse de VAWA. No solo se estaba escondiendo de Nicole, sino que también se estaba escondiendo de inmigración. Pensó que sus posibilidades de obtener la residencia permanente habían muerto junto con su matrimonio.

No nos referimos a Franco como una víctima. Los auto peticionarios de VAWA normalmente no tienden a verse a sí mismos como víctimas porque ven a alguien que es víctima como indefenso. Se ven a sí mismos como una persona que sufrió abuso, y no quieren que el abuso los defina.

El proceso de Franco para obtener la Visa VAWA fue bastante simple en términos de los pasos que tuvo que tomar. El auto peticionario debe proporcionar ciertos documentos y debe dar su testimonio por escrito sobre el abuso. El abogado hace el resto.

Ayudamos a Franco con su mayor lucha, que fue reconocer que fue víctima de violencia doméstica y hablar de ello. Como Franco es un hombre, no se veía a sí mismo como una víctima. Aunque no creía que las acciones de Nicole fueran apropiadas, aún consideraba su comportamiento parte de los problemas matrimoniales normales. Esto causó un problema porque cuando le preguntaron por primera vez si era víctima de abuso por parte de su esposa, respondió que no lo era. En cambio, Franco dijo que tenían problemas matrimoniales. Hemos descubierto que en la mayoría de las situaciones en las que la víctima discute abierta y voluntariamente el abuso, esto se debe a que conocen el proceso de VAWA. La víctima entiende que hablar sobre el abuso es la única forma en que un abogado podrá determinar si el abuso fue suficiente como para que la víctima califique para VAWA. La víctima también entiende que deben hablar del abuso a pesar de lo embarazoso o humillante que pueda ser para ellos.

Ayudamos a Franco a superar lo difícil que era hablarnos sobre el abuso. Comenzó simplemente mencionando que Nicole gritaría y se enojaría. Cuando le hicimos más preguntas sobre su comportamiento hacia él cuando ella estaba enojada, Franco comenzó a hablar lentamente sobre lo agresiva que era hacia él. Tuvimos que ser muy específicos en nuestras preguntas y preguntarle si ella le había hecho cosas específicas. Se sintió más cómodo respondiendo sí o no a nuestras preguntas que mencionar el abuso y discutirlo en detalle. No fue hasta después de muchas preguntas que también descubrimos que Nicole se drogaba y que los había hecho conducir a una zanja, poniendo en peligro sus vidas, incluidas las de sus hijas.

Hicimos que Franco se sintiera cómodo al contar su historia al referirnos al abuso como "problemas matrimoniales". Hacemos esto con otros hombres que vienen a nosotros con una situación similar. Por ejemplo, no preguntaremos si hubo *abuso* en la relación porque generalmente obtendremos un rápido "¡No!" En cambio, preguntamos si hubo *problemas matrimoniales* en la relación. Esto generalmente conducirá a un rápido "Sí". Los *problemas* parecen mucho más fáciles de discutir que un abuso.

Una vez que la víctima ha admitido que hubo problemas en el matrimonio, le pedimos que nos dé una idea general de qué tipo de problemas matrimoniales hubo. Al principio, la mayoría de las víctimas mencionarán cosas como gritos, insultos y berrinches. Luego, comenzamos a hacer preguntas más específicas sobre el abuso. Le preguntaremos a la víctima si alguna vez fueron golpeados, abofeteados, pateados, mordidos, arrastrados, etc. Tenemos una lista de preguntas de abuso que tratamos con cada víctima. Esto permite a la víctima responder rápida y fácilmente sí o no en lugar de tener que discutir los eventos.

Con Franco, le hicimos preguntas específicas que lo ayudaron a contar su historia. Hacer preguntas específicas sobre el abuso también ayuda a las víctimas a *recordar*, porque algunas han sufrido tanto abuso durante un período de tiempo tan largo que han olvidado detalles.

VAWA No Tiene Nada que Ver con Ningún Caso que el Cónyuge Haya Iniciado

Franco sabía que su proceso de inmigración había sido iniciado, pero Nicole nunca había permitido que el proceso continuara. Nunca se tomó una decisión sobre su caso. Franco, siendo el cónyuge de un ciudadano de los Estados Unidos, nunca había sido aprobado para la residencia permanente. El proceso que inició Nicole fue una petición familiar, que es el proceso mediante el cual un ciudadano o residente permanente de los Estados Unidos ayuda a un miembro de la familia a obtener la residencia permanente de los Estados Unidos.

Cuando Franco llegó a nuestra oficina en busca de ayuda para obtener la residencia permanente, le resultó muy difícil entender VAWA. Supuso que VAWA era una forma de continuar el proceso de inmigración que había comenzado con Nicole. Cuando le explicamos que era un proceso *separado* que no tenía nada que ver con la petición familiar que Nicole había iniciado, él todavía expresaba su preocupación por lo que había que hacer sobre la petición familiar que quedó pendiente.

Al igual que Franco, a muchos clientes les resulta difícil entender que VAWA es una Visa Humanitaria que no tiene nada que ver con una petición familiar. Los dos procesos son completamente diferentes. Los dos procesos se presentan ante diferentes departamentos de inmigración, tienen diferentes requisitos y no se cruzan de ninguna manera mientras se procesan.

Además, una vez que se aprueba una petición familiar, inmigración la cerrará después de un año si no se presenta el siguiente paso en el proceso. Por lo general, la aprobación de la petición familiar por sí sola no le otorga al beneficiario ningún beneficio que no sea el permiso para continuar con el siguiente paso en el proceso. El siguiente paso en el proceso será diferente según el historial de vida del beneficiario. Si no se presenta el siguiente paso, la petición familiar se cierra automáticamente.

En el caso de Franco, la petición de la familia fue aprobada años antes y inmigración la había cerrado por falta de que alguien presentara el siguiente paso en el proceso. Sin embargo, Franco todavía tenía varias preocupaciones. Quería saber si necesitaba contactar a inmigración sobre la antigua petición familiar para retirar el caso. Temía que presentar dos casos al mismo tiempo con inmigración arruinaría sus posibilidades de que se aprobara el último caso. Franco también se preguntó si sus posibilidades de obtener la aprobación de su caso VAWA aumentarían o disminuirían debido a la aprobación de la petición familiar años antes. Las preocupaciones de Franco son bastante comunes, pero hay poco de qué preocuparse. Una vez más, una petición familiar se cierra automáticamente un año después de que se haya aprobado y el siguiente paso no se presente. Nadie debe hacer nada si el beneficiario decide proceder con un proceso de inmigración diferente. Esto es así incluso si el beneficiario decide proceder con una petición familiar iniciada por un peticionario ciudadano o residente permanente de los Estados Unidos diferente .

Puedes Tener Más de un Caso Pendiente

Al contrario de lo que muchos creen, tener más de un caso archivado con inmigración no perjudicará las posibilidades de aprobación del solicitante.

En cambio, cada caso ayudará al solicitante a tener una oportunidad más de ser aprobado. Una vez que se aprueba uno de los casos que permite al solicitante obtener la residencia permanente, los otros se retiran si aún están pendientes. Sin embargo, si el caso que se aprueba primero *no* dará lugar a la residencia permanente, entonces el solicitante querrá dejar los demás casos pendientes. Esto le da al solicitante la oportunidad de tener un permiso de trabajo mientras sigue buscando la residencia permanente con uno de los casos pendientes.

En cuanto a una petición familiar que fue aprobada en el pasado, no ayuda ni perjudica las posibilidades de que se apruebe su caso de VAWA. Muchos clientes expresan esta preocupación porque suponen que si ya no están con el cónyuge ciudadano o residente permanente de los Estados Unidos, sus posibilidades de obtener un caso aprobado disminuirán. Esta suposición proviene del malentendido de que los requisitos de VAWA y petición familiar son los mismos, ya que ambos requieren que el cónyuge ciudadano o residente permanente de los Estados Unidos ayude al cónyuge indocumentado con el proceso, pero ese no es el caso. Por otro lado, otros clientes suponen que si se aprueba su petición familiar, aumentarán sus posibilidades de ser aprobados para un proceso diferente. Sin embargo, esta suposición también es falsa.

¿Hubiese Estado Franco Mejor no Presentando VAWA?

Solicitar una visa no aumenta tus posibilidades de ser deportado. Vivir indocumentado en los Estados Unidos es lo que aumenta tus posibilidades diarias de ser deportado. Por lo tanto, si Franco vivía con Nicole o no, mientras permaneciera indocumentado, le hacía correr el riesgo de ser deportado. Sin embargo, el hecho de que Nicole fuera vengativa y amenazara con pedirle a inmigración que lo deportara podría haber resultado en un proceso de deportación.

Es Importante que se Haga Cada Pregunta

Afortunadamente, Franco hizo preguntas y no dejó que las dudas y los temores le impidieran seguir adelante con su caso como lo hacen tantas víctimas. Muchas víctimas no harán las preguntas que tienen sobre sus temores porque les da vergüenza hacer o tienen miedo de que si lo hacen, se les dirá exactamente lo que no quieren escuchar. Estas víctimas permitirán que su miedo a lo desconocido supere su deseo de buscar una oportunidad para obtener un estatus legal.

Muchas de estas ideas preconcebidas de cómo se supone que se desarrollará tu caso de inmigración o cómo tu caso puede verse afectado son el resultado de rumores. Los rumores son iniciados por personas que obtienen su información de las noticias o que buscan información en Google. Otros continuarán esparciendo rumores como si fueran verdad debido a una vez fueron a ver a un abogado de inmigración para una consulta sobre su situación. Luego, esa persona juega a ser abogado de cualquiera que quiera comenzar un proceso de inmigración.

Lo más inquietante es cuán lejos de la verdad están realmente esos rumores. Por lo general, están completamente fuera de lugar. Con los rumores, es común que los requisitos de diferentes procesos de casos se mezclen o confundan, lo que resulta en información falsa.

Los Auto Peticionarios de VAWA no Necesitan que Nadie lo Solicite

Otro malentendido común con VAWA es que el solicitante debe presentar su solicitud con la ayuda de su cónyuge abusivo que es ciudadano o residente permanente de los Estados Unidos. La víctima tiene miedo de que el cónyuge se niegue a comenzar, se niegue a continuar o detenga por completo su caso VAWA. Sin embargo, el cónyuge abusivo *no* tiene que descubrir que la víctima está aplicando y *no* tiene control sobre el caso, incluso si lo descubre.

El Abusador no Controla el Caso VAWA

En este caso, Franco temía que Nicole descubriera que estaba solicitando VAWA. Pensó que si ella lo sabía, haría todo lo que estuviera bajo su control para detenerlo y evitar que pudiera obtener un estatus legal. Este era un miedo tan abrumador para Franco porque sabía lo agresiva que era Nicole. Si no hubiera hecho la pregunta con respecto a su preocupación, esta habría sido la razón por la que no habría avanzado y no estaría solicitando VAWA.

No Inventes Requisitos que No Existen Legalmente

A veces las personas *inventan* requisitos para un caso. Los requisitos de las Visa Humanitarias se confunden más comúnmente con los requisitos de petición familiar. Las peticiones familiares requieren que uno tenga un patrocinador financiero y, en la mayoría de los casos, una entrevista en el extranjero. Por lo tanto, las personas pueden asumir automáticamente que lo mismo es cierto para las Visas Humanitarias. Incluso cuando les explicamos a las personas que estos *no* son requisitos para la Visa Humanitaria, les resulta difícil de creer. Les cuesta comprender que las Visas Humanitarias no son peticiones familiares.

Otras veces las personas inventan leyes basadas en requisitos individuales de ciertos procesos. Una ley común que es completamente inventada es la "ley de 10 años". Se rumorea que de alguna manera se puede solicitar automáticamente la residencia permanente simplemente por haber vivido indocumentado en los Estados Unidos durante al menos 10 años. Sin embargo, la "ley de 10 años" proviene de un único requisito que es parte de un proceso llamado Cancelación de Remoción. Este proceso solo está disponible para las personas que están en proceso de deportación. Entonces, la presencia de 10 años en los Estados Unidos es un requisito junto con varios otros requisitos.

Para un abogado de inmigración que conoce bien la ley de inmigración, estos rumores son absurdos, pero para una persona que no lo es, estos rumores se confunden con la ley. Desafortunadamente, los rumores y la incomprensión de la ley a menudo impiden que las personas den el primer paso.

Muchas personas nunca dan el primer paso de consultar con un abogado de inmigración para averiguar si tienen la oportunidad de obtener un estatus legal porque creen rumores falsos y luego se *autodiagnostican* su propia situación. Inapropiadamente, concluyen que no tiene sentido buscar un abogado porque no tienen ninguna opción, y luego pueden pasar esta información falsa a otros.

Capítulo 6

La Historia de Camilo

MUCHOS HOMBRES CALIFICAN PARA VAWA POR EL MALTRATO
QUE HAN SUFRIDO POR PARTE DE SUS ESPOSAS QUE SON
CIUDADANAS O RESIDENTES PERMANENTES DE LOS ESTADOS UNIDOS

Camilo está casado con una ciudadana de los Estados Unidos abusiva, Joanna. Están separados por la adicción a las drogas de ella y su abuso hacia Camilo.

Cómo se Conocieron

Camilo y Joanna se conocieron a través del primo de Camilo que estaba saliendo con la amiga de Joanna. Todos estaban en la fiesta de cumpleaños de un amigo mutuo una noche cuando se presentaron. Camilo se acercó y habló con Joanna, e inmediatamente se cayeron bien. Hablaron el resto de la noche e intercambiaron números de teléfono.

Después de esa noche, los dos eran inseparables. Por los próximos meses, los dos pasaban el tiempo yendo a cenar y al cine y pasando el rato con amigos. Después de un tiempo, empezaron a hablar sobre casarse. Después de varias conversaciones al respecto, decidieron que se casarían y se mudarían juntos.

Camilo consiguió un departamento de una habitación donde vivieron juntos durante los siguientes cuatro años de su matrimonio.

Durante los primeros meses del matrimonio, todo era maravilloso. Su relación continuó como cuando eran novios. Después de que Camilo saliera del trabajo, volvería a casa y llevaría a Joanna a cenar o visitar a sus amigos. Sin embargo, las cosas comenzaron a cambiar y Camilo descubrió que Joanna estaba usando drogas. Como no trabajaba, pasaba la mayor parte del día sola en casa, y cuando Camilo llegaba a casa del trabajo, se daría cuenta de que tenía los ojos vidriosos y enrojecidos. Ella no quería salir, y por el aspecto desastroso en la casa, no había hecho nada en casa en todo el día.

Camilo confrontó a Joanna un día y le preguntó si estaba usando drogas. Ella le dijo que fumaba marihuana y que siempre se lo había escondido porque estaba avergonzada de lo que él podría pensar de ella. Hablaron sobre eso y acordaron que Joanna dejaría de usar drogas ya que esto estaba afectando su matrimonio.

Camilo pensó que su charla cambiaría las cosas en su matrimonio para mejor. Todo pareció ir bien durante algunas semanas, pero luego las cosas empeoraron. Un día, Camilo salió del trabajo justo antes del almuerzo porque no se sentía bien. Entró a su casa y fue directamente a la habitación para poder acostarse. Lo que encontró fue impactante y desgarrador. Joanna y un hombre, Matthew, al que le había presentado una vez como su primo, estaban juntos y desnudos en la cama.

Camilo regresó a la sala de estar y se sentó en el sofá, todavía sorprendido por lo que había visto. Se dio cuenta de que la mesa de café frente a él tenía pequeñas líneas blancas de cocaína en el cristal. Habían inhalado un par de líneas, dejando polvo disperso, pero aún quedaban varias líneas que no habían tocado.

Camilo se levantó para irse. Las lágrimas brotaron de sus ojos y sintió cómo su corazón se desgarraba. No sabía qué haría, pero sabía que las cosas nunca volverían a ser como antes. Mientras caminaba hacia la puerta principal para irse, Joanna salió corriendo de la habitación completamente vestida. Ella lo agarró del brazo y le dijo que no se fuera. Camilo se volvió hacia ella con lágrimas en los ojos y le dijo que no podía quedarse. Él le dijo que todo había terminado entre ellos. Joanna se puso furiosa y lo empujó con fuerza. Ella amenazó con llamar a inmigración si él intentaba irse.

Camilo estaba aturdido por su amenaza. Le había dicho a Joanna que ser deportado era su mayor temor debido a la experiencia traumática que tuvo cuando cruzó la frontera hacia los Estados Unidos. Tenía solo 16 años en ese momento y había sido abusado sexualmente por su coyote mientras cruzaba a los Estados Unidos. Era algo que le había confiado, y nunca se lo había contado a nadie más.

En ese momento, se dio cuenta de que no conocía a Joanna en absoluto. Cuando Joanna comenzó a hablar, él asumió que ella le rogaría que lo perdonara, echaría a su novio y tratarían de resolver las cosas. Sin embargo, lo que dijo a continuación le hizo darse cuenta de que eso nunca sucedería. Sintió que le habían arrancado el corazón del pecho.

Joanna dijo que Matthew viviría con ellos de ahora en adelante. Ella dijo que Camilo dormiría en el sofá y Matthew dormiría con ella en la habitación. Ella amenazó con llamar a la policía por Camilo si se iba de la casa y que llamaría a inmigración para que lo deportaran. Camilo se quedó porque sentía que no tenía otra opción.

Ni Joanna ni Matthew trabajaban. Pasarían todo el día juntos como recién casados en casa mientras Camilo trabajaba. Joanna todavía tenía acceso a su cuenta bancaria y continuó vaciándola para comprar drogas.

Todos los días eran una tortura para Camilo. No pasó mucho tiempo antes de que se corriera la voz sobre la situación familiar de Camilo. Sus compañeros de trabajo se burlarían de él acerca por apoyar financieramente y vivir con su esposa y su amante. Entonces, Camilo volvía a casa del trabajo y escucharía a Joanna quejarse y maldecirle por las cosas más simples. Camilo no podía decirle nada; de lo contrario, inmediatamente lo amenazaría con llamar a la policía. Ella le recordaría que él era indocumentado y nadie le creería. Ella diría que iba a lastimarse y luego llamaría a la policía y le echaría la culpa. Camilo estaba aterrorizado de ella.

El Escape

Fue demasiado para Camilo cuando Joanna intentó tener sexo con él. Camilo la rechazó y la apartó. Camilo le preguntó por qué estaba haciendo esto si estaba con Matthew. Joanna le dijo que quería quedar embarazada porque Matthew no podría darle un bebé. Camilo estaba disgustado con ella.

Camilo no podía seguir viviendo bajo su control. Tenía que irse antes de que hiciera algo de lo que se arrepentiría. Decidió una noche recoger algunas de sus cosas y se las llevó a la mañana siguiente. En lugar de ir a trabajar, compró un boleto de ida para visitar a un amigo que vivía fuera del estado. Joanna no sabría de buscarlo allí porque nunca le había contado sobre ese amigo, que había estado con él cuando cruzó la frontera.

El Problema de Camilo

Camilo estaba aterrorizado por las amenazas que Joanna hacía sobre llamar a inmigración. Ser deportado era su peor temor y Joanna lo sabía porque él le había confiado eso. Ella sabía exactamente cómo manipularlo y controlarlo. Ella lo necesitaba cerca para apoyarla financieramente a ella y a su amante. También necesitaba que él la embarazara para poder formar su propia familia. Camilo era la marioneta de Joanna y todas sus intenciones eran egocéntricas.

Cómo Ayudamos a Camilo

Camilo nos contactó, buscando desesperadamente una forma de obtener un estatus legal. Todavía vivía con miedo a Joanna, a pesar de que habían pasado varios años desde que había escapado. Temía que si ella descubría dónde estaba, haría todo lo posible para deportarlo. Sabía que ella no sentiría simpatía por él. Según los amigos y la familia de Camilo, después de que Camilo escapó, Joanna lo acusó de haberla abandonado y de no cumplir con su deber como esposo de mantener económicamente a su esposa. Obviamente, Joanna no sentía remordimiento por sus acciones.

Le explicamos a Camilo que VAWA era una opción para la cual él calificaba. Los ojos de Camilo se llenaron de lágrimas de alegría porque durante años había esperado tener la oportunidad de obtener un estatus legal. Vio la obtención del estatus legal como la oportunidad de eliminar las cadenas invisibles que todavía lo ataban a Joanna. Lo liberaría de su control y ya no tendría que temer a sus amenazas.

Capítulo 7

La Historia de Mauricio

CUANDO UN HIJO/HIJA DE 21 AÑOS SE NIEGA AYUDAR
A SU PADRE A OBTENER UN ESTATUS LEGAL

Adán es ciudadano de los Estados Unidos. Ahora tiene 25 años, pero todavía vive en casa con su padre, Mauricio. Adán ha vivido con su padre la mayor parte de su vida. Su madre huyó del hogar cuando él tenía 15 años. Como padre soltero, Mauricio ha criado a Adán y le ha dado tanto amor y atención como ha podido.

La infancia de Adán fue lo que considerarías una infancia normal. Le encantaba la escuela y le iba bien. La madre de Adán también vivía en casa hasta que Adán entró a la escuela secundaria. Tanto Mauricio como la madre de Adán asistieron a todas las reuniones escolares y eventos deportivos de Adán. No había problemas preocupantes con Adán aparte de las fases normales de los preadolescentes y adolescentes.

Sin embargo, poco después de que la madre de Adán abandonara el hogar, esto tuvo un efecto en Adán y la escuela. A Adán le dejó de ir bien académicamente y dejó todos los deportes. Después de la escuela, mientras Mauricio todavía estaba en el trabajo, Adán no volvía a casa; en cambio, salía con sus amigos hasta la noche. Cuando Mauricio le preguntó sobre dónde estaba, Adán ignoraba a Mauricio.

En casa, Adán desobedecía a Mauricio constantemente, y se volvía desafiante cuando Mauricio trató de disciplinarlo. Adán no contribuyó de ninguna manera a ayudar a Mauricio con los quehaceres de la casa, y cada vez pasaba menos tiempo en casa a medida que pasaban los meses.

Las cosas empeoraron un día cuando Mauricio buscaba en la habitación de Adán y encontró algunas drogas escondidas en su vestidor. Cuando Mauricio intentó hablar con Adán sobre lo que estaba haciendo, Adán empujó a su padre y le dijo que se ocupara de sus propios asuntos. Las acciones de Adán conmocionaron a Mauricio y le rompieron el corazón. Decidió evitar lo que podría convertirse en un altercado físico y salió de casa. Más tarde esa noche, regresó a casa y Adán se había ido.

Pocos días después, Mauricio se enfrentó a Adán por su uso de drogas. Sin previo aviso, Adán abofeteó a Mauricio varias veces. Inmediatamente, Mauricio llamó a la policía y Adán fue arrestado por violencia doméstica. Ese incidente fue el primero de muchos más en llegar que provocaría que Adán golpeara, pateara y mordiera a Mauricio. El último y peor incidente fue cuando Adán empujó a Mauricio en la entrada de coches y comenzó a patearlo. Un vecino vio lo que estaba pasando y llamó a la policía.

Un Plan para Escapar

Después del incidente, Mauricio decidió hacer algo con respecto a su estatus legal porque necesitaría mudarse de su casa para alejarse de Adán. Como Mauricio seguiría siendo indocumentado, hasta que pudiera obtener un estatus legal, sería difícil mudarse y crear la vida que quería tener, lejos del abuso de Adán.

El Problema de Mauricio

Mauricio había sufrido el abuso de Adán durante una década, desde que Adán tenía 15 años. Adán fue arrestado por abusar de su padre, pero ahora ha sido liberado y Mauricio había permitido que Adán regrese a casa.

Mauricio alguna vez esperó poder reparar su relación ya que él es el único padre que tiene Adán. Sin embargo, Mauricio se ha dado cuenta de que no hay esperanza para que su relación mejore hasta que Adán decida cambiar.

Cómo Ayudamos a Mauricio

Mauricio se contactó con nuestra oficina después de escuchar uno de nuestros videos informativos en línea sobre VAWA. Nunca antes había oído hablar de VAWA, y no sabía que era una opción para los padres indocumentados que tienen hijos estadounidenses que no quieren ayudarlos a obtener un estatus legal. Mauricio nos contactó, con la esperanza de que VAWA fuera una opción para él. Aunque Mauricio nunca le había pedido ayuda a Adán para obtener su estatus legal, Adán le había dicho a Mauricio muchas veces que nunca lo ayudaría con su proceso de inmigración, incluso después de que cumpliera 21 años. El día en que Mauricio contactó a nuestra oficina, Adán tenía 25 años y nunca había hecho la petición por Mauricio.

Las principales preocupaciones de Mauricio eran si la presentación de VAWA podría dañar a Adán de alguna manera y si Adán podía averiguar sobre su solicitud VAWA. Mauricio, todavía el padre cariñoso, estaba preocupado de que su solicitud VAWA pudiera evitar que Adán asistiera a la universidad u obtuviera oportunidades de trabajo en el futuro. Mauricio también estaba preocupado por lo que Adán le haría si descubriera que su padre había solicitado VAWA.

Le aseguramos a Mauricio que presentar una solicitud para VAWA no perjudicaría a Adán de ninguna manera, que no afectaría las posibilidades de que Adán sea aceptado en una universidad u obtenga empleo. Además, el hecho de que alguien sea nombrado agresor en un caso de VAWA no figura en ninguno de los registros o verificaciones de antecedentes del agresor. Además, el agresor no es alertado ni contactado de ninguna manera con respecto a ser mencionado en el caso VAWA como el agresor.

Resumen de VAWA

VAWA es para niños indocumentados, cónyuges o padres cuyo padre, cónyuge o hijo/a ciudadano o residente permanente de los Estados Unidos respectivamente no les ayuda a obtener estatus legal y maltrata al familiar indocumentado. Uno debe establecer que la relación existe o existió. Para los peticionarios divorciados que solicitan debido a sus ex cónyuges abusivos, el divorcio debe tener menos de dos años. Además, el solicitante debe estar viviendo o haber vivido con el abusador. Finalmente, el solicitante debe haber sufrido algún tipo de abuso por parte de sus padres, cónyuge o hijo/hija.

El solicitante puede obtener un estatus legal dentro de los Estados Unidos sin necesidad de una entrevista en el extranjero. No hay necesidad de un peticionario o un patrocinador, a diferencia de una petición familiar. El agresor no tiene control sobre el caso y no se le notifica de ninguna manera que el auto peticionario está solicitando VAWA. Además, el agresor no se ve perjudicado de ninguna manera porque el caso VAWA está archivado. La prueba requerida del abuso es solo el testimonio escrito del solicitante.

El siguiente paso es solicitar la residencia permanente según la VAWA aprobada. La residencia se obtiene dentro de los Estados Unidos sin tener una entrevista en el extranjero. Nuevamente, no se requiere de un peticionario o un patrocinador porque la residencia se basa en la VAWA aprobada.

Capítulo 8

Todo lo que necesita saber sobre la Visa T y la trata de personas

OBTENER UN ESTATUS LEGAL PORQUE HAS SIDO FORZADO A
TRABAJAR O A COMETER UN ACTO SEXUAL COMERCIAL

Cuando escuchas la palabra *trata de personas*, probablemente imaginas algo como lo que has visto en una película. Probablemente te estés imaginando a una persona que está encerrada en una habitación sin comida ni agua y que solo se le deja trabajar mientras está encadenada para evitar escapar. Esta persona probablemente fue secuestrada y vendida en la venta de esclavos moderna: el tráfico de personas. Aunque esas situaciones existen, los relatos típicos de la trata de personas son muy diferentes, pero pueden ser igual de traumáticos.

Nuestros clientes generalmente no son secuestrados y vendidos para ser traficados. Sus traficantes son los coyotes que les ayudan a cruzar la frontera hacia los Estados Unidos. Su traficante es a veces su jefe en su nuevo trabajo. Y a veces su traficante es su propio cónyuge o familiar.

Nuestros clientes no viven encerrados en una habitación encadenados a una pared. Están viviendo entre nosotros. Compran en los supermercados donde compramos nuestra comida. Lavan la ropa en las lavanderías que usamos. Aparecen para trabajar en negocios en nuestras comunidades. Forman parte de familias que vemos juntos en eventos o en la ciudad. No se ven, hablan ni actúan de manera diferente a cualquier otra persona que se pasean en público. Muchas veces, los conocemos o los hemos visto y no tenemos idea de si son o fueron víctimas de trata de personas.

Además, muchos de nuestros posibles clientes han escapado de la situación del tráfico hace años y han podido seguir con sus vidas. Sin embargo, no tienen idea de que pueden obtener la residencia permanente a través de una Visa T debido a lo que han sufrido. Por lo tanto, pueden estar viviendo con miedo de que los atrapen y los envíen de regreso a su país.

¿Qué significa ser forzado a trabajar o cometer un acto sexual comercial?

Comencemos por abordar lo que no califica como "forzado a trabajar". No es trabajo forzado cuando una persona se ve obligada a cocinar su propia comida, a limpiar lo que ensucian o a trabajar por un salario para mantenerse económicamente a sí mismos o a su familia. Sin embargo, es trabajo forzado cuando una persona debe hacer esas cosas en contra de su voluntad por otra persona. La víctima se ve obligada a hacer el trabajo en contra de su voluntad porque ha sido perjudicada físicamente, ha sido amenazada con ser herida a ella o a otros si no trabaja, o se ve obligada a trabajar usando intimidación o abuso verbal.

En cuanto a ser forzado a realizar un acto sexual comercial, el acto sexual comercial debe realizarse a cambio de algo de valor. No tiene que ser a cambio de dinero. Puede ser a cambio de comida, un lugar para vivir, ropa o cualquier otra cosa que sea de valor.

Las personas a veces no se ven a sí mismas como víctimas a pesar de que realizan actos laborales o sexuales comerciales en contra de su voluntad porque sienten que es su responsabilidad.

Las víctimas de trata laboral a veces no se ven a sí mismas como víctimas porque creen que son responsables de cumplir una deuda con el traficante. Aunque trabajar puede no haber sido parte del acuerdo original, la víctima tendrá el deber de hacer todo lo que el traficante exige. Este puede ser el caso incluso cuando la víctima ha pagado financieramente al traficante.

Las víctimas de trata sexual que son obligadas por sus cónyuges o novios a realizar actos sexuales con ellos o con otras personas también pueden sentir un sentido de responsabilidad hacia su pareja. Dependiendo de su cultura, pueden sentir que es su obligación como mujer en la relación es hacer lo que su pareja masculina exige. Aunque las víctimas realizan actos sexuales comerciales en contra de su voluntad, su sentido del deber les impide identificarse como víctimas.

La fuerza, el fraude o la coerción deben haber sido utilizados para inducir a la persona a realizar el acto sexual comercial o laboral.

¿Qué significa ser inducido por la fuerza, un fraude o coerción?

Ejemplos de fuerza incluyen amenazas de usar armas para causar daño o causar daño con el uso de armas. Las palizas físicas y las amenazas de golpear o abusar físicamente de alguien también pueden usarse como fuerza, violar o amenazar con violar a una persona se considera fuerza. Además, restringir físicamente a una persona para que no escape se considera fuerza.

El fraude ocurre cuando la víctima es engañada por el traficante que toma ventaja injusta de la víctima. El traficante puede prometer un escape de un hogar abusivo o afectado por la pobreza. En muchas situaciones, los coyotes garantizarán una llegada segura a los Estados Unidos. Algunos traficantes prometen un futuro estatus legal de inmigración. En algunas situaciones, el traficante establecerá una relación romántica con la víctima y luego usará la relación para aprovecharse de la víctima. Otros traficantes mentirán sobre trabajos u oportunidades que no existen. Otros publican anuncios falsos sobre el trabajo que se requerirá. Algunos traficantes que son dueños de negocios pueden tergiversar los salarios y condiciones de trabajo. Otros pueden pagar significativamente menos o no pagar en absoluto por el trabajo realizado. En muchos casos, se miente a los trabajadores temporales H2A/H2B sobre las condiciones de vida, las necesidades cubiertas y el potencial de ingresos.

La coerción es cuando una persona es persuadida para actuar involuntariamente con base en amenazas o intimidación que infunden miedo a las consecuencias si no actúan. Inicialmente, el traficante puede explotar una relación romántica o familiar para atraer a la víctima. Luego, el traficante puede amenazar a la víctima, a los hijos de la víctima u otros miembros de la familia con daños si la víctima no actúa. El traficante puede tomar la tarjeta de identificación, el certificado de nacimiento o el pasaporte de la víctima para evitar que la víctima escape. Además, el traficante puede aislar a la víctima y evitar cualquier contacto con miembros de la familia u otros, y generalmente mantendrá a la víctima bajo vigilancia constante. Si la víctima es menor de edad, el traficante probablemente negará el acceso de la víctima a la educación. Restringir el acceso de la víctima a los alimentos y sus necesidades para crear una dependencia del traficante es algo común. Amenazar a la víctima con la deportación o la policía también es común. Por lo general, a la víctima se le niega el acceso a la atención médica. En la mayoría de los casos, la víctima es maltratada verbal, emocional y psicológicamente.

En un lugar de trabajo, el traficante puede exigir cuotas excesivamente altas de la víctima. El traficante puede hacer que la víctima trabaje en condiciones peligrosas sin el equipo de seguridad adecuado. Es probable que la víctima trabaje largas horas todos los días de la semana.

Si la víctima contrató al traficante como coyote, el traficante puede forzar una gran deuda sobre la víctima para evitar que la víctima escape. El traficante también puede explotar las habilidades limitadas de inglés de la víctima para aprovecharse de ella. El traficante también puede usar su asociación con una pandilla para intimidar a la víctima. Otras víctimas mantenidas cautivas con la víctima pueden ser dañadas o abandonadas en un área remota si intentan escapar, lo que sirve como ejemplo.

En una relación, el traficante puede excluir a la víctima del proceso de inmigración y evitar que la víctima obtenga un estatus legal. Para las víctimas que tienen una visa, el traficante puede evitar que la víctima renueve una visa vencida. El traficante también puede hacer que la víctima sienta vergüenza por su estado migratorio indocumentado.

Debe haber un elemento de miedo al daño.

La víctima no debe haber podido abandonar la situación por temor a que el traficante les cause daño físico o cumpla sus amenazas. La víctima debe haber permanecido en la situación, ya sea porque fue forzada físicamente a quedarse o porque temía que el traficante la lastimara.

Amenazas de perder el trabajo si no trabajan o si no trabajan más rápido no es por sí solo suficiente. Las empresas y los empleadores tienen derecho a exigir que un empleado trabaje o, de lo contrario, pueden despedirlo. Se le puede pedir a un empleado que trabaje más rápido si debe cumplir con una cuota. Las cuotas tampoco son suficientes para una Visa T.

¿Qué pasa si me pagan para hacer el trabajo?

A muchas víctimas de trata de personas se les paga por trabajar. El hecho de que a alguien se le pague por hacer el trabajo no debilita el caso. Si a alguien se le pagó por trabajar no afecta el caso.

¿Qué pasa si nunca me mantuvieron cautivo?

Estar *físicamente* en contra de tu voluntad no es un requisito. En otras palabras, nadie debe mantener cautiva a la víctima con cuerdas y cadenas. La idea de que una víctima de la trata de personas debe ser mantenida en una habitación cerrada sin ventanas y sin forma de escapar es una escena cinematográfica. Así no es como generalmente funciona en la vida real. Sin embargo, una persona debe estar haciendo el trabajo en contra de su voluntad. Nuevamente, esto podría ser el resultado de una amenaza de causar daño a la víctima o causar daño a alguien cercano a la víctima.

¿Qué pasa si ya he escapado de la situación de la trata?

Se requiere que la persona no haya salido de los Estados Unidos desde que escapó de la situación de la trata. Esto puede ser confuso para las personas que han ingresado al país múltiples veces como indocumentados. Las personas suponen que múltiples entradas indocumentadas les impedirán cumplir con este requisito. Sin embargo, se perdonan múltiples entradas antes del incidente de tráfico. Sin embargo, es importante permanecer dentro de los Estados Unidos después de *escapar* del incidente de tráfico. No salga de los Estados Unidos. En cambio, debe solicitar de inmediato una Visa T.

¿QUÉ PASA DESPUÉS DE SOLICITAR LA VISA T?

✓ 30 DÍAS DESPUÉS DE ENVIAR SU SOLICITUD A INMIGRACIÓN, **RECIBIRÁ UN RECIBO QUE INDICA QUE SU CASO ESTÁ PENDIENTE.**

✓ 60 DÍAS DESPUÉS DE ENVIAR SU SOLICITUD A INMIGRACIÓN, **RECIBIRÁ SU CITA BIOMÉTRICA.**

✓ SU CASO SERÁ PROCESADO DE ACUERDO CON LOS TIEMPOS DE PROCESAMIENTO QUE SE ENCUENTRAN EN EL SITIO WEB WWW.USCIS.GOV, **LUEGO RECIBIRÁ UNA DECISIÓN SOBRE SU CASO.**

Los tiempos de procesamiento son aproximados.

HONEST IMMIGRATION.

Capítulo 9

La Historia de Renata

LLEGAR A LOS ESTADOS UNIDOS LEGALMENTE Y CONVERTIRSE
EN UNA VÍCTIMA DE TRATA LABORAL

Renata vino de México. Tenía que salir de ese país a toda costa para ayudar a su familia que estaba literalmente hambrienta. Sin trabajo disponible en el área remota donde vivían, no había dinero disponible para comprar comida. Tampoco había dinero para mudarse a otra ciudad para encontrar trabajo. Sus padres eran mayores y su salud se estaba deteriorando por falta de alimento. No podían mantenerse económicamente, mucho menos apoyar a Renata. Renata era su única esperanza para poder sobrevivir.

En 2005, después de haber hecho todo lo posible para encontrar trabajo en su país, Renata buscó opciones para encontrar trabajo en los Estados Unidos. Ella escuchó que las visas de trabajo H2A de los Estados Unidos se emitían para que las personas trabajaran en granjas. Esta visa era una opción real para ir a trabajar a los Estados Unidos. Renata no tendría que cruzar la frontera ilegalmente. Ella podía hacer las cosas de la manera correcta.

Afortunadamente, fue elegida para trabajar en los Estados Unidos, y no tuvo que encontrar un coyote para pasarla ilegalmente. Lo hizo legalmente, y ella llegó en autobús a Carolina del Sur. Una vez que llegó, el reclutador que reclutó a todos los trabajadores los llevó a sus viviendas.

Alrededor de la medianoche, ella y otras 11 personas fueron conducidas a un parque de casas rodantes donde esperaba su casa móvil sin muebles. Después del largo y tumultuoso viaje, todos se fueron a dormir en el piso ya que no había camas.

A la mañana siguiente se esperaba que estuvieran listos para trabajar a las 5:00 a.m. Mando, el hombre que los contrató, llegó en un gran autobús escolar transformado en un autobús de trabajo. Se presentó rápidamente y dijo que esperaba que hubieran empacado su almuerzo porque iba a ser un día largo. Todos se sorprendieron porque acababan de llegar horas antes y no tenían la oportunidad de comprar comida.

Miedo al Traficante

Aproximadamente un mes después de que comenzaron a trabajar, Renata fue asignada a trabajar en la parte superior del camión de campo entregando boletos a los trabajadores que arrojaban sus cubos llenos de productos a los contenedores del camión. Estaba todo el día en los contenedores del camión y se esperaba que repartiera boletos incluso mientras el camión se movía entre las filas de cultivos. También tenía que ser rápida y moverse entre los contenedores mientras estaban llenos de productos. No había un arnés de seguridad ni nada para mantener el equilibrio.

A Renata le resultaba difícil equilibrarse porque el camión se sacudía constantemente hacia adelante. Tenía que usar ambas manos para sostener y repartir los boletos. Así que no podía aferrarse al costado del contenedor. Durante uno de sus saltos entre un contenedor lleno y otro vacío, perdió el equilibrio y cayó del camión desde varios pies.

Cayó sobre su espalda y sintió el dolor atravesar su cuerpo. El dolor era tan intenso que no podía levantarse.

Mando vio lo que sucedió y simplemente la ignoró. Él les dijo a los trabajadores que se acercaron a su alrededor que volvieran a trabajar.

Renata supo entonces lo peligroso que era para ella trabajar allí. Después de un tiempo, ella logró levantarse. Ella sabía que necesitaba ver a un médico. Esperó en el autobús del trabajo hasta el final del día cuando Mando llevó a los trabajadores a casa.

Al día siguiente, después de una noche de dormir en el suelo, Renata estaba tan adolorida que apenas podía moverse. Hizo que uno de sus compañeros de trabajo le dijera a Mando que no podría trabajar ese día porque tenía mucho dolor. Mando se bajó del autobús y entró para buscar a Renata. Él le dijo que no había pagado para traerla a los Estados Unidos para que ella pudiera relajarse y estar de vacaciones. Amenazó con llamar inmigración si no estaba en el autobús a la mañana siguiente lista para ir a trabajar. Ella comenzó a llorar y le dijo que necesitaba ver a un médico porque tenía el brazo hinchado y le dolía muchísimo el cuerpo. Él se rio de ella y le dijo que no iba a triunfar en los Estados Unidos si exageraba por una pequeña caída.

Años después, ella sigue teniendo el dolor de espalda. Ella nunca vio a un médico debido a su caída.

Explotada

Las condiciones de trabajo eran peligrosas. El pago era de solo $100 por semana y Mando gritaba e insultaba a los trabajadores todo el día. Renata trabajaba desde las 5:00 a.m. hasta el atardecer todos los días. Llegaba a casa exhausta, adolorida, con solo el piso para descansar.

Mientras trabajaba en los campos de tabaco, a Renata le salió un sarpullido en todo el cuerpo. Tenía migrañas y vomitó durante tres días. Nuevamente, Renata le dijo a Mando que necesitaba ver a un médico. Él la miró y le dijo que necesitaba volver al trabajo o que volvería a su país de origen.

Tiempo para Escapar

Después de que Mando negara atención médica por segunda vez, supo que tenía que escapar de él. Esto no podría terminar bien para ella. Por otro lado, sabía que necesitaba trabajar para mantener alimentada a su familia en México.

Había otra compañera de trabajo que también estaba cansada del abuso de Mando. Renata se hizo amiga de ella y un día, mientras discutía cuán terrible era su situación, idearon un plan para que ella pudiera escapar.

El día que habían planeado escapar, Renata agarró lo poco que poseía y lo guardó en una bolsa de plástico. La tarde siguiente, mientras los dejaban en casa desde el trabajo al atardecer, salieron juntos de la casa sin decirle a nadie más a dónde iban. Caminaron por la noche y nunca volvieron.

El Problema de Renata

Renata había venido a los Estados Unidos legalmente para trabajar. Una vez en los Estados Unidos, siguió instrucciones y cumplió su parte del trato. Sabía que no estaba siendo tratada correctamente, pero no sabía si esto estaba permitido ya que no tenía ningún punto de comparación.

Como la mayoría de las personas que vienen a los Estados Unidos con visas de trabajo temporales, Renata no sabía si tenía algún derecho porque no era ciudadana de los Estados Unidos. Y creía que necesitaba el permiso de su empleador para obtener la atención médica que necesitaba.

Muchas personas que vienen a los Estados Unidos en un programa de trabajo temporal para extranjeros terminan siendo víctimas de la trata de personas. Uno de los problemas es que nadie verifica que los trabajadores extranjeros están siendo tratados adecuadamente una vez que llegan, como lo exige la ley.

Estos trabajadores extranjeros desconocen cómo deben ser tratados. No tienen a nadie para pedir ayuda. Están aislados de la sociedad y sus rutinas diarias están controladas por el empleador de los Estados Unidos. Y muchas veces, sus documentos de identificación y pasaportes son tomados por su empleador para mantenerlos cautivos.

Cómo Ayudamos a Renata

Renata se enteró de la Visa T por una amiga que conocía la situación de tráfico de personas en la que había estado. Afortunadamente, la amiga se enteró de la Visa T a través de nuestros videos informativos en Facebook, y alentó a Renata a buscarnos. Renata nos siguió en Facebook, aprendiendo más sobre la Visa T antes de comunicarse con nuestra oficina.

Renata nos contactó y nos explicó su situación de trata de personas y cuanto había sufrido. Quería saber si había alguna forma de que pudiera obtener un estatus legal basado en su situación. Aunque habían pasado años desde que escapó de Mando, todavía sufría físicamente porque Mando no le había brindado la atención médica que necesitaba inmediatamente después de su lesión.

Le hicimos saber a Renata que calificaba para la Visa T. La mayor preocupación de Renata era el temor de que Mando le hiciera daño a ella o a su familia porque estaba aplicando para una Visa T. Le explicamos cómo funciona la Visa T y que no tenía nada que temer porque Mando probablemente no se enteraría. Renata se sintió enormemente aliviada y solicitó la Visa T.

Capítulo 10

La Historia de Hugo

UNA VISA T OFRECE UN NUEVO COMIENZO DESPUÉS DE
CONDICIONES DE TRABAJO INFERNALES

Una empresa de los Estados Unidos llegó a la ciudad natal de Hugo en México, donde reclutaban hombres para trabajar con visas para trabajadores extranjeros.

Le dijeron que estaban buscando hombres para trabajar en granjas y le mostraron folletos de hombres que trabajan felices. Todo se veía genial.

Se les decía que el trabajo sería temporal, pero si eran buenos trabajadores, renovarían sus visas cada año.

Prometían alojamiento, comidas diarias y todo lo que necesitaban para trabajar al llegar.

Los trabajadores tendrían que pagar sus gastos de viaje a los Estados Unidos y firmar un contrato para que el empleador pudiera contratarlos.

Hugo pensó que esta oportunidad era una bendición. Pidió prestado dinero a un familiar y le otorgó el título de propiedad de sus padres como garantía. Sabía que podría devolverle el dinero poco después de comenzar a trabajar en los Estados Unidos.

A su llegada a los Estados Unidos, Hugo supo de inmediato que algo no estaba bien. Lo colocaron en un apartamento de dos habitaciones con otros diecinueve hombres. Había algunos colchones sin ropa de cama, de tamaño doble, repartidos por todo el apartamento, pero no los suficientes para todos. Algunos hombres dormían de dos en un colchón para evitar dormir en el suelo. Tuvo que dormir en el suelo usando su ropa como almohada y manta. Era difícil caminar en el departamento con los colchones en el piso y las pertenencias de la gente.

No había forma de llamar a su familia ya que nadie tenía un teléfono celular. En cierto modo, se alegró de no poder hablar con sus padres porque no podría ocultar lo asustado que estaba.

Todos eran recogidos para trabajar temprano a la mañana siguiente, pero solo se les proporcionaba una cubeta una vez que llegaron a la granja. Sin desayuno, sin guantes, sin oportunidad de llamar a casa comenzaban a trabajar con el estómago vacío.

Era su primera vez en los Estados Unidos y tenían miedo. Ninguno de ellos hablaba inglés. No sabían dónde encontrar ayuda.

Hugo y los hombres pronto se enteraron de que la compañía mentía sobre todo. Pasaron los días y todavía no los habían llevado a comprar víveres ni a lavar ropa. Pero incluso si hubieran comprado comestibles, los veinte trabajadores tenían una estufa para cocinar y una nevera para almacenar la comida de todos.

Los hombres trabajaban recogiendo tomates. Era verano y el sol era abrasador. Su piel ardía porque no tenían sombreros o pañuelos para cubrirse. Llegaban a casa quemados por el sol y con ampollas. No tenían tiempo de sanar antes de que volvieran al trabajo al día siguiente.

Sus comidas diarias prometidas consistían en dos tacos de frijoles y huevos, dos para el desayuno y dos para el almuerzo. Los hombres tenían que valerse por sí mismos para la cena. Como cocinar significaba esperar de dos a tres horas antes de usar la estufa, Hugo solía comer una lata fría de sopa con algo de pan para la cena.

Usar el baño era otro desafío. Ducharse antes de acostarse o prepararse en la mañana podría tomar un par de horas porque solo había un baño.

Todas las mañanas, Hugo se despertaba un par de horas antes para asegurarse de que estaba listo a tiempo para el trabajo.

En el trabajo, estaban constantemente amenazados con inmigración si no trabajaban lo suficientemente rápido. También les amenazaban con no pagarles si no completaban sus tandas. Tenían un descanso de 30 minutos para almorzar y eso era todo. Los que tomaban descansos frecuentes para tomar agua eran ridiculizados por no ser lo suficientemente hombres como para soportar el calor.

Las amenazas no eran el único abuso que sufrían. Los supervisores tiraban tomates a los trabajadores si pensaban que los hombres trabajaban demasiado lento. Maldecían a los hombres que se detenían para tomar un breve descanso y los insultaban frente a todos.

Hugo trabajaba con dolor porque su cuerpo estaba quemado y ampollado, especialmente sus manos porque no le habían dado guantes para llevar las pesadas cubetas.

A todos los hombres se les decía que no verían un cheque de pago hasta que pasaran el período de prueba de 30 días.

Hugo se sentía débil debido al hambre y la falta de sueño. Su cuerpo siempre sufría de dolor. Tenía constantes dolores de cabeza por el calor. Sentía cierto alivio a veces cuando sus manos ampolladas se adormecían. Todavía no había hablado con su familia desde que había llegado. Trabajaba desde el amanecer hasta el atardecer todos los días. La compañía los trataba como animales y no tenían a quién acudir para pedir ayuda.

El Escape

Uno de los hombres del grupo le preguntó a Hugo si quería escapar con él. El hombre estaba planeando escapar y quería que otros lo acompañaran. Le dijo a Hugo que no podía quedarse porque probablemente terminaría muerto de agotamiento. Hugo sabía que tenía razón.

Una mañana a las 2:00 a.m., ambos se despertaron y se fueron. Caminaron durante horas hasta que llegaron a un centro comercial donde había teléfonos públicos que podían usar. Hugo contactó a sus familiares que estaban en los Estados Unidos. Su familia le envió dinero para comprar un boleto de autobús a su casa a ocho horas de distancia.

El Problema de Hugo

Hugo estaba en una situación similar a la de Renata. Hizo todo bien y no violó ninguna ley para ingresar a los Estados Unidos. Pero después de su llegada, descubrió que le habían mentido sobre todo, incluidos los salarios, las condiciones de vida, las condiciones de trabajo y las necesidades provistas.

Lo que puede ser aún más impactante para las personas que no saben cómo los programas de trabajadores extranjeros funcionan es que la compañía que trajo a Hugo a los Estados Unidos lo hizo con el permiso de Inmigración de los Estados Unidos. La compañía estadounidense le mintió a Inmigración de los Estados Unidos sobre cómo pagaría, alojaría y usaría a Hugo y a los demás para trabajar. Sin embargo, nadie hacía un seguimiento con la compañía para asegurarse de que una vez que estos hombres estuvieran en los Estados Unidos, fueran tratados adecuadamente.

Cómo Ayudamos a Hugo

Hugo vino a nosotros después de escuchar nuestros videos en línea de información sobre la trata de personas. Habían pasado varios años desde que había escapado de su situación de trata. Sin embargo, Hugo quería justicia.

Hugo ya se había casado y ahora tenía un hijo en camino. El vivía con miedo todos los días porque vivía indocumentado en los Estados Unidos. Sabía que sería devastador para su esposa si fuera deportado. Su esposa también era indocumentada y ambos temían cómo afectaría su embarazo si la detenían ahora.

Le explicamos a Hugo que una forma en que podía tener justicia por lo que se le habían hecho era en forma de una Visa T para poder vivir legalmente en los Estados Unidos. También podría incluir a su esposa como un derivado en su solicitud para que ella también pudiera obtener una Visa T. La esposa de Hugo podía obtener una Visa T solo porque ella era su esposa. Ella no tenía que ser una víctima de trata de personas o incluso haber conocido a Hugo cuando él era una víctima.

Cuando Hugo descubrió que la Visa T era una opción para obtener un estatus legal, aprovechó la oportunidad para solicitarla. Hugo está esperando que se procese su Visa T que todavía está pendiente. Agregó a su esposa como un derivado de su Visa T porque quiere asegurarse de que ella pueda obtener un estatus legal al mismo tiempo que él. Hugo está extremadamente aliviado de haber encontrado una manera de obtener un estatus legal tanto para él como para su esposa.

Capítulo 11

La Historia de Maya

UNA MENOR SUFRE UNA FORMA GRAVE DE TRATA

Cuando Maya tenía 16 años, conoció a John. Todos los días después del trabajo, ella caminaba a su casa a la misma hora en la tarde. John comenzó a caminar por la misma ruta por la ciudad que ella. Él le decía que trabajaba cerca del lugar de trabajo de ella y que saldría al mismo tiempo. Él caminaría junto a ella y le diría lo hermosa que era e intentaría que saliera con él.

Él la invitó a salir con él y tuvo que preguntarle varias veces antes de que Maya aceptara su invitación.

La noche de la cita, John la recogió para ir a cenar. Ellos pasaron un buen rato y Maya pensó que las cosas iban muy bien. Después de la cena, John le dijo a Maya que la llevaría a conocer a sus hermanas. John y sus dos hermanas vivían juntos. Cuando llegaron a su casa, él le presentó a sus hermanas. Inmediatamente, comenzaron a saludarla y le hicieron preguntas. Entonces, Maya pidió usar el baño, y cuando terminó, se dio cuenta de que John se había ido.

Maya se quedó allí toda la noche porque las hermanas de John insistieron en que no se fuera porque el área no era segura para caminar por la noche. A la mañana siguiente, Maya no sabía cómo regresar a casa para enfrentar a sus padres después de irse con un joven y no regresar. Además, las hermanas de John la vigilaban atentamente.

John regresó a casa al día siguiente alrededor del mediodía. Se disculpó profusamente y le dijo que había habido una emergencia, y que tuvo que irse de inmediato. Maya lloró y le dijo que no sabía cómo enfrentar a sus padres ya que se había ido con él y no había regresado en toda la noche. Los padres eran tradicionales y no la aceptarían después de estar con un hombre toda la noche. John la consoló y le dijo que arreglaría las cosas casándose con ella.

Maya estaba abrumada por las emociones ya que John era el primer novio que había tenido. Maya lo llevó a la casa de su familia, y John le pidió a su padre su mano en matrimonio. Se casaron aproximadamente una semana después.

John le dijo a Maya que ya no trabajaría porque él la mantendría. Los días previos a su matrimonio, John pasó mucho tiempo con ella. Sin embargo, el día después de casarse las cosas cambiaron.

John se iba temprano por la mañana y volvía a casa alrededor de la medianoche. Sus hermanas siempre estaban en casa. Cuando John no estaba, siempre la estaban vigilando. Le decían que John pasaría más tiempo fuera porque tenía que trabajar aún más duro por ella. La mantenían ocupada haciendo que las ayudara con los quehaceres de la casa. Cada vez que Maya quería ir a algún lado, la convencían de que no fuera.

John comenzó a llegar a casa cada vez menos. Algunas noches no llegaba a casa en absoluto.

Después de un par de semanas, Maya estaba desesperada por salir de la casa. Se dio cuenta de que no había salido sola de la casa desde que había venido la primera noche.

No fue sino hasta una mañana que Maya se despertó antes de lo habitual que ella notó que la puerta principal estaba cerrada por dentro. Necesitabas una llave para desbloquear el cerrojo. Solo pasaron unos minutos cuando Maya se levantó antes de que una de las hermanas le preguntara a Maya qué estaba haciendo. Su voz sonaba más amenazante que dulce.

Maya comenzó a sentir que algo andaba muy mal.

Esa misma noche, John llegó a casa y le dijo que hiciera las maletas porque se iban. John parecía apurado. No había vuelto a casa las últimas dos noches, asi que no habían hablado mucho.

La dejó con un amigo y le dijo que la vería en el otro lado. Maya estaba confundida.

Luego llevaron a Maya a través de la frontera a los Estados Unidos a un hogar donde debía esperar a John.

Inmediatamente después de llegar a la casa, la amiga de John le trajo lencería para que se pusiera. Le dijeron que se lo pusiera o John se enojaría con ella.

Finalmente, John apareció. Maya le preguntó qué estaba pasando, y su respuesta la apuñaló como un cuchillo en el pecho.

Él le dijo la verdad. Dijo que estaba en el negocio de reclutar mujeres, casándose con ellas y haciéndolas trabajar como prostitutas.

Maya estaba devastada por la verdad.

John le dijo que sabía quién era su familia y dónde vivían para que sufrieran las consecuencias si ella lo desobedecía.

Maya fue llevada a un burdel esa noche y forzada a trabajar como prostituta.

Aunque John no supervisaba directamente a Maya, sus proxenetas le hicieron saber que iban a informar directamente a John si Maya los desobedecía.

La primera vez que Maya desobedeció, John la golpeó severamente. John le dejó en claro a Maya que ahora la poseía. Maya se defendió, pero su desobediencia resultaba siempre en golpes. Maya fue testigo de otras mujeres en los burdeles que también eran golpeadas cuando no obedecían.

John y los proxenetas rompieron su espíritu y le hicieron creer que ella no valía nada y que a nadie le importaba lo suficiente como para que la buscaran. Todavía una niña, Maya creía todo lo que decían.

Maya estaba encerrada en una habitación sin forma de escapar y solo se le dejaba salir para trabajar o ayudar a limpiar el burdel. Solo se le permitía comer y usar el baño una vez al día.

Maya vivía con miedo por su seguridad y la seguridad de su familia.

John amenazaba con que cuando terminara con ella, la mataría donde nadie podría encontrar su cuerpo.

Maya finalmente pudo escapar cuando uno de los clientes decidió ayudarla. Había visto los moretones en su cuerpo y sabía que ella estaba allí en contra de su voluntad. Sabía que ella era joven y que nunca saldría con vida sin ayuda. Una noche la ayudó a escabullirse. Luego, le encontró un lugar para quedarse con los miembros de su familia en un pueblo cercano hasta que pudiera encontrar un trabajo para ganar dinero y vivir sola.

El Problema de Maya

Maya llegó a los Estados Unidos siendo una niña, involuntariamente y sin saberlo. No fue su decisión venir a los Estados Unidos. Estaba obligada a obedecer la exigencia de su esposo, y si se hubiera negado, se habría visto obligada a venir. No habría tenido una opción porque desde el momento en el que vivía con sus "cuñadas", ya estaba atrapada en una situación de trata de personas sin que ella lo supiera.

Cómo Ayudamos a Maya

Cuando conocimos a Maya, ella había escapado de John hace más de una década.

Sin embargo, emocionalmente todavía no había superado lo que él le había hecho. Sollozaba mientras describía todas las cosas horribles por las que se había visto obligada a pasar.

Lo peor era que no había regresado a su país de origen para visitar a su familia desde el día en que se vio obligada a venir a los Estados Unidos.

Los echaba mucho de menos, pero temía regresar ya que John ya había ido a buscarla allí. Su familia le dijo que se mantuviera alejada de allí porque la mataría si la encontraba. Aún así, su familia no tenía idea de lo que le había hecho o hecho pasar. Ni siquiera estaba segura de si quería enfrentar a su familia porque necesitaría contarles lo que había sucedido. No podía soportar pensar en cómo reaccionarían.

La principal preocupación de Maya era si John podría localizarla si solicitaba una Visa T. Calmamos su preocupación al explicarle que la Visa T fue diseñada para proteger a la víctima. Permite a las víctimas usar direcciones seguras. Una dirección segura es una dirección alternativa que la víctima elige usar que no sea la dirección residencial de la misma. Maya se sintió muy aliviada al saber que no tenía que proporcionar su dirección residencial en su solicitud de Visa T para que ni John ni inmigración pudieran localizarla. Entonces, Maya se sintió cómoda solicitando la Visa T.

A Maya se le aprobó la Visa T, y ha podido obtener un trabajo mejor remunerado desde que recibió su Visa. Ahora está esperando su oportunidad de solicitar la residencia permanente bajo la Visa T. Sus planes son visitar a su familia en su país de origen una vez que obtenga su residencia. Sueña con que sus hijos conozcan a sus abuelos por primera vez.

Capítulo 12

La Historia de Jessica

LA VISA T AYUDA A UNA MUJER CUYO
MARIDO LA FORZÓ A PROSTITUIRSE

Jessica conoció a Raúl en su país de origen. Salieron durante un año y luego se casaron. Después de casarse, Raúl decidió que debería mudarse a los Estados Unidos para tener una vida mejor. Jessica dudó al principio, pero Raúl la convenció de lo mucho mejor que sus vidas serían allí.

En el camino a los Estados Unidos, Raúl comenzó a actuar de manera diferente hacia Jessica. Parecía enojado y distante. Ella nunca había visto este lado de él. Cuando llegaron a los Estados Unidos, la pareja se mudó a la casa del primo de Raúl. El primo de Raúl vivía con su esposa. La mañana después de su llegada, el primo de Raúl le dio la mala noticia de que no podía conseguir un trabajo para él con su amigo. Para ayudar a animar a Raúl, Jessica le dijo a Raúl que encontraría un trabajo para poder salir adelante.

Inmediatamente después de que Jessica dijo que encontraría un trabajo, Raúl le dijo a Jessica que ya había encontrado un trabajo para ella. Ella podría ir a trabajar con la esposa de su primo. Jessica estaba confundida por su rápida respuesta. No tenía idea de cuándo o cómo le había encontrado un trabajo. Ciertamente no le había mencionado esto a Jessica, pero ella pensó que era porque él estaba enojado con ella. Él no le dijo qué tipo de trabajo era, pero ella pensó que su esposo sabía que era mejor para ella.

Aún más sorprendente fue cuando dijo que ella comenzaría a trabajar esa tarde. Ni siquiera se habían instalado. Raúl estaba actuando extraño. Él no hacía contacto visual con ella y apenas le hablaba. Sin embargo, pensó que la única forma en que iban a poder conseguir su propio lugar en los Estados Unidos era trabajando duro.

Al mediodía, Jessica todavía no había conocido a la esposa del primo. Escuchó al primo decirle a Raúl que ella todavía estaba durmiendo. Jessica tenía preguntas para ella sobre su nuevo trabajo. ¿Qué debería ponerse ella? ¿Tendría que salir y comprar algo? ¿A qué hora debería estar lista?

Finalmente, alrededor de las 5:00 p.m., la esposa del primo salió a la cocina y comenzó a preparar la cena. Parecía exhausta a pesar de que había dormido todo el día. Jessica se acercó a ella y comenzó a conversar. La mujer no dijo mucho. Le dijo a Jessica que necesitaba comer porque iban a trabajar hasta tarde.

No se fueron hasta que oscureció. Jessica pensó que era extraño trabajar de noche, pero no hizo ninguna pregunta. Condujeron a una casa en un barrio deteriorado. Jessica todavía no sabía qué tipo de trabajo estaría haciendo, pero asumió que estaban allí para limpiar una casa.

Entraron y una mujer llamada Diana llevó a Jessica a una habitación, caminó hacia el armario, sacó algo de lencería, se la entregó a Jessica y le dijo que se la pusiera. Inmediatamente, Jessica protestó con disgusto y se negó a ponerse la lencería. Jessica exigió hablar con Raúl. Diana aseguró a Jessica que Raúl sabía qué tipo de trabajo estaría haciendo Jessica allí.

Jessica se quedó incrédula porque la habían llevado a un burdel para que trabajara como prostituta. Pensó que seguramente le habían mentido a su esposo sobre el trabajo que estaría haciendo allí. Seguramente, su primo no tenía idea de que su esposa trabajaba como prostituta.

Al ver que Jessica estaba en estado de shock y todavía no la creía, Diana marcó a Raúl por teléfono y se lo dio a Jessica. Raúl respondió y Jessica comenzó a decirle lo que estas mujeres locas esperaban que ella hiciera. Jessica esperaba que Raúl se enfureciera y le dijera que él vendría a buscarla de inmediato. Jessica pondría fin a estas tonterías y su esposo vendría a darles una lección a estas mujeres. Sin embargo, Jessica estaba aún más sorprendida por el silencio que escuchó al otro lado de la línea. Raúl le dijo con calma que hiciera lo que Diana le pedía. Dijo que todo estaría bien y luego colgó.

Jessica sintió náuseas. Ella no pudo procesar lo que acababa de suceder. ¿Era su marido por teléfono quien le había dicho que se quedara allí, que trabajara allí, y que escuchara a Diana?

Diana permitió que Jessica se sentara en el pasillo esa noche. Jessica vio como Diana supervisaba a las mujeres en las habitaciones. Los hombres iban y venían de las habitaciones, y Diana les cobraba antes de irse.

Jessica no podía esperar para irse para poder explicarle a Raúl en qué consistía exactamente el trabajo. Ella sabía que una vez que él supiera la verdad, no la haría volver allí nunca más.

Finalmente, al amanecer, Jessica fue conducida de regreso a casa. Jessica corrió a los brazos de Raúl. Sollozando, ella le dijo que el trabajo era prostitución y que estaba segura de que su primo no sabía lo que estaba haciendo su esposa. Ella le rogó que recogiera sus cosas y deberían irse de inmediato.

Raúl no la consoló. En cambio, la apartó de él y le dijo que ella tenía que hacer el trabajo y escuchar a Diana; de lo contrario, la obligaría a hacerlo. Jessica nunca lo había escuchado hablarle de esa manera. Ella protestó y él la golpeó.

Jessica supo entonces que no tenía idea de quién era este hombre cuando se casó con él.

A partir de ese día, Jessica tuvo que obedecer completamente a Diana. Si Jessica desobedecía a Diana de alguna manera, Raúl estaría esperando para golpearla cuando llegara a casa. La golpeaba con tanta frecuencia que su cuerpo estaba cubierto de moretones.

Trabajar en el burdel fue horrible. Jessica tenía que atender hasta 20 hombres al día, a veces sin protección e incluso durante su ciclo menstrual. Algunos hombres eran abusivos y agresivos; Esos fueron los peores. Jessica y las mujeres que trabajaban en el burdel tenían prohibido hablar con nadie. Diana se aseguró de que no hablaran y avisaba de cualquier tipo de desobediencia a sus esposos o proxenetas.

Aproximadamente una semana después de trabajar en el burdel, Jessica comenzó a tener pensamientos suicidas. Le contó a Raúl al respecto con la esperanza de que él tuviera algo de compasión por ella. En cambio, Raúl levantó el teléfono y amenazó con decirles a sus padres qué tipo de trabajo estaba haciendo en los Estados Unidos. Raúl miró a Jessica y le preguntó si iba a ser obediente. Con el corazón roto y paralizado, Jessica dijo que sí.

Jessica no tenía permitido salir de la casa sin Raúl. Sus salidas no eran comunes. Durante el día, ella ayudaba con los quehaceres de la casa: cocinar, limpiar y lavar la ropa, y luego, por la noche, Jessica la llevaba al burdel para trabajar hasta el amanecer. Esta era la vida día tras día. Jessica tenía que informar a Raúl cada día cuántos hombres había atendido, y Diana entregaba las ganancias de Jessica a Raúl todas las semanas.

Un día, Jessica se presentó en el burdel para trabajar, pero Diana no estaba allí. Un joven alto estaba allí para tomar su lugar. Ella notó que él no sabía lo que estaba haciendo, y parecía que ignoraba las pocas instrucciones que le habían dado.

Después de atender a uno de sus clientes, se dio cuenta de que no había nadie en la puerta para cobrarle. El cliente se fue sin pagar. Eso nunca había ocurrido antes. Jessica se puso algo de ropa y miró por el pasillo. El joven no estaba a la vista. Ella fue tras el cliente y le pidió que la llevara a la tienda. Actuó como si fuera normal para ella dejar el burdel como quisiera. El cliente no tenía idea de que estaba allí en contra de su voluntad.

Una vez que llegó a la tienda y el cliente se fue, caminó varias millas hasta que llegó a otra tienda. Allí, encontró a alguien que la ayudó a contactar a familiares en los Estados Unidos.

El Problema de Jessica

Jessica se enamoró de un hombre terrible, un hombre que le había mentido desde el principio de su relación. Quería llevarla exactamente donde él quería y hacer lo que él quería que hiciera.

Sería fácil juzgar a Jessica porque ella vino voluntariamente con su esposo a los Estados Unidos de manera indocumentada. Uno podría argumentar que no debería haberle importado si Raúl amenazaba con decirle a su familia y que podría haber intentado escapar antes. Después de todo, parecía que tenía tantas oportunidades de escapar cada vez que iba al burdel con la esposa del primo de Raúl. ¿Por qué no podría simplemente dejarla en la estación de autobuses más cercana? ¿Por qué no podían ambos conducir a una estación de policía para denunciar a sus esposos? ¿Por qué Jessica no podía simplemente ir al teléfono más cercano, llamar a su familia y advertirles de lo que estaba pasando?

Hasta que hayas estado en una situación como en la que se encontraba Jessica, no puedes juzgarla porque la verdad es que no tendrías idea de lo que harías o cómo reaccionarías. Jessica no podría haber escapado sola; tenía demasiadas personas mirándola, personas que se beneficiaban de tenerla como esclava.

Cómo Ayudamos a Jessica

Conocimos a Jessica unos años después de que ella había escapado de Raúl. Sabía que Raúl no se había puesto en contacto con su familia porque se mantenía en contacto con ellos con frecuencia, pero no se atrevió a regresar a su ciudad natal, donde sabía que Raúl la encontraría si se enteraba de que había vuelto allí. Por lo que sabía la familia de Jessica, nadie había venido a buscarla en nombre de Raúl después de que ella lo dejó. Jessica le mintió a su familia y les dijo que se había separado de Raúl solo porque él era físicamente abusivo, pero no les dijo sobre el resto del abuso. Ella les rogó que no le dijeran a nadie dónde vivía en los Estados Unidos.

Jessica vivía escondiéndose de Raúl y de inmigración. Estaba cansada de esconderse y quería encontrar una manera de vivir y trabajar en los Estados Unidos legalmente. No veía regresar a su ciudad natal como una opción en los años venideros debido a su miedo a Raúl.

Durante nuestra consulta con Jessica, le hicimos muchas preguntas. Cuando respondió que se había visto obligada a cometer actos sexuales comerciales, sabíamos que podríamos ayudarla. Le preguntamos más sobre la situación que implicaba obligarla a cometer los actos. Después de que ella nos contó su historia, supimos que calificaba para una Visa T.

Jessica tenía miedo y dudas, pero una vez que le explicamos los pasos del proceso de Visa T, sabía que solicitar la Visa T era su mejor opción. Pensó que podría seguir escondiendose de inmigración o terminar detenida por inmigración y luego deportada a su ciudad natal donde Raúl podría encontrarla. Permanecer indocumentada parecía una situación en la que tenía todo para perder ya que la obligaba a seguir escondida. Para que ella tuviera un futuro mejor sin esconderse, necesitaba aplicar.

Capítulo 13

La Historia de Mia

DESPUÉS DE AYUDAR A MUJERES CRUZAR LA FRONTERA,
LOS COYOTES UTILIZAN AMENAZAS, TORTURAS
E AISLAMIENTO, Y LAS PRIVAN DE SU LIBERTAD.

Mia conoció al traficante, Jaime, a través de un conocido.

Jaime era un coyote, y él le dijo que podía llevarla a cruzar la frontera. Dijo que tenía una tarifa más alta, pero le aseguró que no habría ningún problema para cruzar con seguridad porque tenía conexiones y lo había hecho muchas veces.

El día de la partida, Jaime llevó a Mia a un hotel hasta que pudo cruzarla a los Estados Unidos. Después de unos días, regresó a buscarla y la llevó a una casa con varios otros. Luego le dijo que cruzarían esa noche.

Una vez en los Estados Unidos, Mia fue dejada en una casa. Mia le preguntó si podía contactar a su familia, pero Jaime dijo que él se pondría en contacto con su familia. Él le dijo que no la liberarían hasta que la familia le pagara lo que él había pedido. Mia supo entonces que estaba en problemas.

Unos días después, Mia fue llevada a una casa donde vivía una familia. Le dijeron que estaba allí para trabajar para ellos y hacer lo que le decían. Luego, la pusieron en una de las habitaciones y la encerraron. Le dijeron que trabajaría allí hasta que su familia pagara el dinero. Después de que Jaime la dejó, la pareja en la casa fue a su habitación y le dijo que se levantaría temprano para trabajar y que no querían ningún problema con ella. La mujer amenazó con que si no escuchaba, sería entregada a inmigración. Ella dijo que si Mia intentaba escapar, enviarían a la policía para perseguirla. Mia se sintió atrapada e indefensa.

La mujer era cruel. La quemaba con espátulas que calentaba en la estufa si sentía que Mia no estaba trabajando lo suficientemente rápido. No había forma de tratar sus quemaduras, y se vio obligada a seguir haciendo el quehacer del hogar a pesar del dolor insoportable. La mujer le apuntaría la espátula a la cara cuando ordenaba que hiciera algo.

Mia se sentía como una esclava que tenía que levantarse todas las mañanas antes del amanecer para preparar el desayuno y el almuerzo para el hombre de la casa. Luego, era un día lleno de limpieza, lavandería y más cocina. Solo le daban las pocas sobras que quedaban después de que todos los demás comían. Ella no podía tomar descansos. No se le permitía ducharse porque la mujer decía que no iba a tener como pagar la factura del agua. Por la noche, volvía a encerrarse en su dormitorio. Estaba exhausta y maltratada, pero no tenía forma de contactar a su familia.

El Escape

Un día, después de unos meses de inanición y tortura, un vecino vino a buscar al hombre de la casa. La mujer fue a buscar a su esposo y dejó al vecino esperando afuera. Como hacía frío, el vecino decidió esperar dentro de la casa y entrar. La mujer había desaparecido al fondo de la casa y aún no había regresado. Mia estaba limpiando la sala de estar cerca de la puerta principal y se sorprendió cuando vio al vecino parado allí. A Mia le habían dicho que nunca saliera porque si alguien la veía, llamarían a inmigración. El hombre estaba allí mirándola. Estaba sorprendido por la condición física en que se encontraba Mia. Preguntó quién era ella mientras miraba las marcas de quemaduras en sus brazos y piernas. Mia no respondió por miedo a meterse en problemas.

Mia desapareció en otra habitación fuera de la vista del hombre tan pronto como escuchó la llegada del hombre y la mujer. Podía escucharlos charlando. Mia temía que el vecino les dijera que la había visto, pero no dijo una palabra sobre Mia. El hombre caminó con el vecino afuera mientras continuaban su conversación. La mujer rápidamente encontró a Mia y le preguntó si el vecino la había visto. Mia casualmente dijo que no para parecer creíble.

Aproximadamente una semana después, el vecino volvió a aparecer, pero esta vez con su esposa. La mujer conversó brevemente con ellos y los dejó afuera mientras ella iba a buscar a su esposo. Mia permaneció en silencio en un pasillo, manteniéndose fuera de la vista. De repente, la vecina apareció en el pasillo. Si Mia no hubiera estado tan agotada, habría gritado de miedo. La vecina escaneó el cuerpo de Mia rápidamente con los ojos. Es como si ella estuviera buscando algo. Mia corrió a su habitación por miedo a lo que la mujer le haría si descubriera que la habían visto. La mujer encontró a la esposa del vecino en el pasillo y le preguntó qué estaba haciendo. Mia escuchó su respuesta de que estaba buscando un baño.

Unos días después, un oficial de policía apareció en la casa. Mia podía escucharlo amenazando a la pareja para que lo dejarán echan un vistazo a su alrededor o que él obtendría una orden para registrar la casa y sería mucho peor para ellos. El oficial encontró a Mia en su habitación. Le preguntó quién era y cómo se había quemado el cuerpo. Mia no respondió. Como la pareja afirmó que era una amiga que se quedaba con ellos hasta que su familia pudiera ir a buscarla, el oficial le ofreció a Mia ayudarla a contactar a su familia. Mia sabía que podía ir con el oficial y, con suerte, volver a ver a su familia o quedarse con la pareja y nunca volver a verla. Mia se arriesgó a irse con el oficial, quien la ayudó a contactar a su familia y nunca le preguntó sobre su estatus migratorio.

El Problema de Mia

Mia terminó en una situación como muchas otras mujeres que viajan solas a los Estados Unidos con un coyote. El coyote de Mia aprovechó el hecho de que Mia era una mujer y él la veía como una trabajadora. Para él, ella era alguien a quien podía poner a trabajar con la excusa de que su familia no había pagado para que fuera liberada. En estas situaciones, el coyote nunca contacta a la familia de la víctima después de llegar a los Estados Unidos. Otras veces, el coyote aumenta el monto que la familia debe para mantener a las víctimas por más tiempo y ponerlas a trabajar. El coyote tiene el control total de la víctima al evitar que la víctima contacte a cualquier familiar.

Mia no solo era joven e ingenua, sino que estaba en un país extranjero donde no sabía el idioma ni cómo encontrar ayuda. Por esa razón, estaba a merced de los traficantes para determinar cuándo y si volvería a ver a su familia. Tener a alguien que la vigilara constantemente hacía que la posibilidad de escapar fuera mucho más difícil.

Cómo Ayudamos a Mia

Conocimos a Mia cuando era una mujer de mediana edad. Ella todavía vivía con sus padres y los cuidaba en su vejez. Ella no estaba casada y no tenía hijos. Mia no había podido seguir adelante con su vida después de ser traficada. Durante años, las pesadillas y el miedo a ser encontrada por los traficantes la hicieron vivir en pánico. En poco tiempo, se convirtió en una forma de vida. Socializar era lo más difícil para Mia porque significaba estar cerca de personas y confiarles su seguridad.

Mia vino a nosotros desesperada por encontrar una oportunidad para obtener un estatus legal. Esperaba que le liberara del daño psicológico que los traficantes le habían causado. Ella finalmente quería seguir adelante con su vida y no seguir viviendo definida por haber sido traficada.

La mayor preocupación de Mia era si podíamos garantizar al 100 por ciento que ella pudiera obtener la Visa T. Le explicamos a Mia que aunque haríamos nuestro mejor trabajo en su caso, la aprobación de la Visa T está fuera del control de cualquier abogado. No hay forma de garantizar una aprobación. Sin embargo, hay ciertos factores que pueden reducir las posibilidades de aprobación del solicitante. Estos incluyen: Tener un cargo de culpabilidad que incluye un acto sexual o daño a un niño en su historial criminal, estar afiliado a una pandilla, ser un adicto al alcohol o las drogas, o no calificar para el proceso solicitado. Le explicamos que el hecho de que no tenía antecedentes penales, que no estaba afiliada a una pandilla, que no consumía drogas ni alcohol, y que había buscado asesoramiento legal para determinar si calificaba para solicitar la Visa T, aumentaba sus posibilidades de aprobación.

Capítulo 14

La Historia de Caleb

UNA EXPERIENCIA TRAUMÁTICA DEJA A UNA VÍCTIMA
DE TRATA DE PERSONAS BUSCANDO UNA VISA T

Caleb conoció a su traficante, Juan, cuando tenía solo 15 años. Estaba trabajando en el campo recogiendo verduras. La vida era dura pero tenía su libertad. Juan apareció un día en el campo donde estaba trabajando. Le ofreció al grupo de personas con el que Juan estaba trabajando la oportunidad de ganar más dinero trabajando para él en campos en otro estado. Dijo que les cobraría $500 por transportarlos, pero que podrían pagarle una vez que llegaran allí. Muchos de ellos se fueron con él al día siguiente.

Caleb sabía que había tomado una decisión terrible tan pronto como llegó a su destino porque estaba metido en una pequeña casa móvil con un solo baño con otras 14 personas. No tenía donde dormir más que en el piso: sin colchón, sin almohada y sin manta, así que tuvo que dormir en pleno piso. Estaba aterrorizado.

Había varios hombres que trabajaban con Juan que vivían en la casa móvil junto a ellos, y estaban allí para supervisar a los recién llegados. Inmediatamente, le dijeron a Caleb y a los demás que no intentaran irse o que ellos llamarían a inmigración y serían deportados.

La primera mañana que fueron a trabajar, Caleb notó que las cosas iban a empeorar. Juan dio instrucciones a los recién llegados para la jornada laboral y luego comenzó a amenazarlos con deportarlos si no obedecían. Caleb y los demás se pusieron a trabajar de inmediato. No había descansos ni agua para beber antes del almuerzo durante el largo y caluroso día de trabajo. El almuerzo era solo un breve descanso de 20 minutos en el que daban a los hombres dos rebanadas de pan con una sola rebanada de mortadela durante todo el día de trabajo. Juan y sus hombres bebían refrescos fríos y cerveza durante todo el día, y lo único que le ofrecían a los jóvenes para beber era agua de una manguera de riego cercana. Esa agua podría no haber sido para beber porque tenía un olor desagradable, pero era la única opción. Caleb la bebía de todos modos porque tenía tanta sed que sentía que se desmayaría. A medida que avanzaba el día y los trabajadores disminuían la velocidad debido al calor abrasador, los insultos empeoraban. A los muchachos se les decía constantemente que no valían nada, que eran buenos para nada y que los hombres podían hacer lo que quisieran porque eran ciudadanos estadounidenses y los recién llegados no.

Un día, Caleb llegó a un punto de agotamiento paralizante. Estaba tan exhausto que no podía moverse. Se sentó allí en medio de la fila de cultivos, se cubrió la cabeza con la cubeta y se desmayó. Caleb se despertó cuando Juan le señaló un cuchillo en la cara y le gritó que se levantara. Caleb finalmente se levantó y se arrastró hasta el final del día.

Caleb y los demás no recibieron el dinero que les habían prometido. Trabajaban desde el amanecer hasta la puesta del sol, seis días a la semana y solo recibían $25 por semana. Juan decía que se quedaba con el resto porque se lo debían. Caleb ni siquiera tenía suficiente dinero para comprar comida para durar durante la semana, y pasaba hambre casi todos los días. Lavó la poca ropa que tenía junto con otros para ahorrar dinero en la lavandería.

Los domingos, los llevaban en autobús a un pueblo cercano donde lavaban la ropa y compraban comestibles. Pero ni siquiera podían disfrutar del día libre porque Juan y sus hombres estaban constantemente asustándolos diciendo que inmigración estaba cerca. Juan también amenazaba con denunciarlos a inmigración él mismo si intentaban escapar. Siempre les recordaba que no tenían derechos en este país y que podía hacer lo que quisiera con ellos.

Caleb le creía porque vio cómo Juan y sus hombres los maltrataban a diario y nadie los detenía. Observaba cómo golpeaban a varios de los jóvenes en el campo porque los jóvenes estaban tan exhaustos por el calor que ya no podían levantar sus cubetas. Juan y sus hombres les arrojaban sus botellas de cerveza vacías mientras trabajaban si pensaban que no estaban trabajando lo suficientemente rápido.

Aunque estuvieran siendo maltratados, Caleb nunca estuvo tan aterrorizado de ellos como el día en que vio qué cosas tan terribles era capaz de hacer Juan. Fue un domingo. Los trabajadores estaban cargando el autobús de trabajo para dirigirse a la ciudad para lavar su ropa y comprar comestibles. Caleb había olvidado su billetera y corrió hacia adentro para recogerla. Oyó gemidos en la habitación de atrás. Pensó que alguien podría estar herido, así que fue a ver qué estaba pasando. La puerta estaba rota y Caleb vio a Juan muy borracho mientras agredía sexualmente a uno de los muchachos. Caleb sintió náuseas. Él se alejó rápida y silenciosamente con miedo de encontrarse con el mismo destino. Caleb corrió al autobús sintiéndose desesperado.

Caleb sabía que tenía que salir de allí. Ese mismo día, cuando iban a la tienda de comestibles, habló con un par de hombres de su país de origen que había conocido allí antes. Los hombres trabajaban para un agricultor en una granja diferente y también iban a la tienda los domingos para hacer sus compras. Uno de los hombres le preguntó una vez a Caleb si quería venir a trabajar para su jefe después de que el descubrió lo poco que Juan le pagaba a Caleb. Caleb ni siquiera les había dicho lo mal que eran tratados porque estaba avergonzado. Ahora Caleb le dijo al hombre que quería aceptar su oferta. Caleb pensó que pasaría un tiempo antes de que pudieran planear acomodarlo, por lo que se sorprendió cuando el hombre dijo que Caleb podría irse con él ese día. Caleb se coló en el autobús con el hombre y se escondió en uno de los asientos traseros hasta que el autobús estuvo muy lejos de la tienda de comestibles. Finalmente, después de cinco meses, su pesadilla había terminado.

El Problema de Caleb

Cuando Caleb empezó a trabajar para Juan, él estaba atrapado allí porque temía el maltrato diario de Juan y las amenazas de ser deportado. Se había convertido en una víctima de la trata de personas y no había nadie para detener el abuso. Necesitaba encontrar una salida.

Cómo Ayudamos a Caleb

Nunca conocimos a Caleb, el joven. Conocimos a Caleb, el hombre. El hombre que había sufrido tanto como un niño traficado que lloró mientras contaba su historia. Sintió compasión por el chico en él que había vivido esa pesadilla y sentía enojo hacia Juan por el daño que había causado. Allí estábamos, más de una década después, observando cómo Caleb aún no había superado el dolor y el sufrimiento después de ser traficado.

La mayor preocupación de Caleb era si él también podría ayudar a su esposa a obtener una Visa T. Su esposa era indocumentada y tuvieron tres hijos juntos. Ambos vivían con miedo a ser deportados y esperaban desesperadamente la oportunidad de obtener un estatus legal.

Le explicamos a Caleb que él podría agregar a su esposa como un derivado mientras estuvieran casados. No importaba en qué país se habían casado mientras su matrimonio fuera válido. Una de las pruebas requeridas para el caso de su esposa sería una copia de su certificado de matrimonio. Durante la consulta, descubrimos que Caleb y su esposa nunca se habían casado. Habían vivido juntos durante siete años y tenían hijos juntos, pero nunca se habían casado. Sin embargo, este problema fue una solución fácil. Caleb y su esposa tuvieron que ir al juzgado más cercano para casarse en un tribunal de justicia. El proceso fue simple y rápido. Caleb y su esposa se casaron en un par de semanas, y Caleb agregó a su esposa como un derivado para su Visa T.

Capítulo 15

La Historia de Elsa

LOS TRAFICANTES NO SIEMPRE SON EXTRAÑOS
A VECES SON TUS PROPIOS FAMILIARES

Javier contactó a Elsa en Facebook. Él le envió un mensaje y le dijo que era su primo y que también vivía en los Estados Unidos. Vivía en una ciudad a solo un par de horas de ella. Elsa lo recordaba de su infancia cuando vivían en su misma ciudad de origen en México. Elsa confirmó con su hermana mayor en México si este hombre era realmente su primo. Elsa también notó que tenían familiares en común como amigos en Facebook, por lo que se sintió cómoda hablando con él.

Unos meses después, Elsa se encontraba en problemas financieros y necesitaba mudarse de su departamento cuando sus dos compañeros de cuarto decidieron mudarse a un estado diferente. Elsa todavía tenía comunicación frecuente con Javier, y durante una conversación en Facebook, le mencionó que necesitaba mudarse. Rápidamente, dijo que Elsa podía mudarse con él. Dijo que tenía un apartamento de dos habitaciones para él solo y que tenía una habitación extra. Dijo que Elsa podía venir a vivir sin pagar alquiler hasta que pudiera salir adelante.

Su oferta parecía sincera. Quería ayudarla porque Elsa era familia y ella necesitaba ayuda. Entonces ella aceptó su oferta e hizo planes para mudarse con él.

La noche en que Elsa llegó al departamento de Javier, la llevó a una habitación que no era una habitación, sino más bien un cuarto de lavado con un colchón en el piso. La miró con una sonrisa y dijo que la habitación era toda suya. Dado que acababa de llegar, no se molestó con hacer preguntas por las preocupaciones que ya tenía.

A la mañana siguiente, Elsa se dio cuenta de que dos mujeres dormían en la habitación que Javier había dicho que estaba vacía. Una mujer salió de la habitación y se acercó a ella. Miró a Elsa y se alejó sin decir una palabra. La mujer parecía hueca de una manera inquietante. Elsa no sabía si eran compañeras de cuarto o solo amigas que habían pasado la noche en la habitación de invitados.

Ambas mujeres comenzaron a preparar el desayuno y a limpiar el apartamento en silencio. Elsa se metió en la ducha y, cuando salió, Javier estaba despierto y comiendo en la mesa. Las mujeres le servían como si fuera un rey. Miró a Elsa y le dijo que se acercara y se sentara a desayunar. Las mujeres no hicieron contacto visual con ella mientras le servían.

Cuando Javier terminó de comer, le dijo que todos en ese departamento hacían su parte para pagar las cuentas. Él dijo que ella tendría que hacer lo mismo. Sintiéndose avergonzada, Elsa le dijo que comenzaría a buscar trabajo de inmediato para ayudar. Ella no quería que él pensara que esperaba que viviría de caridad solo porque eran familia. Javier la miró con esa sonrisa de nuevo. La sonrisa la hizo sentir incómoda y sentir que debería arrepentirse de estar allí. Él le dijo que ya tenía un trabajo para ella porque no la quería en la calle porque era indocumentada. Dijo que ella comenzaría a trabajar esa noche. Él le advirtió que no saliera porque no era una ciudad amistosa con los inmigrantes y algunos de los vecinos eran racistas. Dijo que si la veían seguramente la reportarían a inmigración para deportarla. Según él, eso ya había sucedido varias veces con otros vecinos indocumentados.

Después del desayuno, Elsa llamó a sus padres por su teléfono celular y les contó sobre su mudanza. Javier la vio hablando por teléfono. Cuando ella colgó el teléfono, él se lo quitó. Elsa pensó que era extraño, pero pensó que tal vez se le habían acabado los minutosa a él. Cuando no se lo devolvió, Elsa se lo pidió. Javier se puso furioso y la abofeteó en la cara. Entonces, Elsa supo que algo andaba muy mal. Ella quería irse, pero no tenía dinero y ningún lugar a donde ir.

Esa tarde, Javier llamó a las dos mujeres y Elsa a la sala de estar. Ella pensó que Javier iba a disculparse por sus acciones previas. Sin embargo, Elsa estaba horrorizada por lo que escuchó. Dio instrucciones a las mujeres para que vistieran a Elsa y la prepararan para el trabajo de esa noche. Al principio, Elsa estaba confundida. Javier notó que Elsa no tenía idea de lo que estaba pasando. Javier se enfrentó a ella y le dijo que no era una niña pequeña y que iba a hablarle con claridad. Dijo que vendrían hombres y pagarían para tener sexo con ella.

Con incredulidad, Elsa empujó a Javier lejos de ella y caminó hacia la puerta. Ella podía soportar que un hombre la abofeteara, pero no iba a dejar que hombres se aprovecharan de ella. Javier la agarró por el pelo y la tiró al suelo. La arrastró a su habitación. Elsa luchó contra él hasta que no tuvo más fuerzas para luchar. Luego, la violó. Amenazó con que si ella se iba, llamaría a sus padres y les diría que ella había acudido a él y había tenido relaciones sexuales con él. Elsa sabía que eso rompería los corazones de sus padres.

Elsa sabía que tenía que encontrar una salida lo más pronto posible. Las mujeres se prepararon para el trabajo y le dieron a Elsa ropa interior para que se la pusiera. Cubrieron su ojo magullado y labio roto con maquillaje. Javier hizo que Elsa se tragara una pastilla. Él le dijo que le calmaría los nervios, pero ella se sintió mareada y entumecida.

Los hombres llegaron pronto, y Javier tomaba su dinero en la puerta. Luego, les permitía elegir a una mujer y los llevaba a una de las habitaciones. Cuando un hombre eligió a Elsa, Javier los llevó a los dos a la habitación de Elsa.

Ella odiaba su vida. Nunca había pensado que su vida podría llegar a esto. No tenía forma de comunicarse con su familia para pedir ayuda, y se sentía inútil y sola. Esto continuó durante varias semanas y Elsa era golpeada si no obedecía a Javier. Se vio obligada a cometer actos sexuales comerciales y cuando no se vio obligada a hacerlo, trabajaba como esclava haciendo todo lo que exigía Javier.

Elsa se dio cuenta rápidamente de que Javier era el único que salía del departamento. A ninguna de las mujeres se les permitía salir. No había forma de salir por las ventanas ya que el apartamento estaba a varios pisos de altura. Javier las encerraba en el departamento cuando se iba. Salía y compraba víveres y artículos que necesitaban. Nunca se iba por mucho tiempo.

Elsa se enteró de que Javier tenía su forma de controlar a cada uno de ellas. Una de las mujeres fue atraída a esta situación porque Javier comenzó una relación romántica con ella en México. La convenció de venir a los Estados Unidos para estar con él y comenzar una familia juntos. Poco después de su llegada, él la obligó a prostituirse y luego amenazó con decirles a sus padres que ella era una prostituta por su propia voluntad. Como provenía de una familia tradicional mexicana como Elsa, sabía que las noticias no solo romperían los corazones de sus padres, sino que también la repudiarían.

La otra mujer estaba allí porque Javier seguía suministrándole cocaína crack siempre que ella hiciera lo que le decían. Javier la había vuelto adicta como parte de su plan para que ella hiciera cosas para que ganara dinero. La pobre mujer era tan adicta que probablemente no se habría ido incluso si Javier hubiera dejado la puerta abierta.

Finalmente, Elsa encontró la oportunidad de contactar a su familia para buscar ayuda. Uno de los tipos que venían olvidó su teléfono celular. Elsa escondió su teléfono en caso de que el tipo volviera a buscarlo, pero nunca regresó por él. Al final de la noche, Elsa encendió el teléfono, lo puso en silencio y contactó a sus padres en México. Ella les dijo que Javier la había estado golpeando y aislando y que ahora necesitaba ayuda para salir. Ella les envió la dirección y no les dijo nada más. Dijeron que se pondrían en contacto con algunos amigos en los Estados Unidos que se habían mudado allí hace años y que ahora habían adquirido estatus legal.

Aproximadamente una semana después, hubo un fuerte golpe en la puerta temprano en una mañana. Javier les dijo a las mujeres que se escondieran porque probablemente era inmigración que venía a llevarlas. Las mujeres le creyeron. Asustada, Elsa se escondió en su habitación preocupada de que pudiera ser detenida por inmigración, pero también aliviada de que esta podría ser su salida. Ella escuchó la voz de un hombre. La voz era inaudible al principio y luego escuchó a Javier ponerse a la defensiva. Estaba maldiciendo furiosamente al hombre y advirtiéndole que se fuera o que lo atacaría si no lo hacía. El hombre se hizo más fuerte y Elsa pudo escucharlo amenazar a Javier de que llamaría a la policía para arrestarlo por tener secuestrada a una mujer en contra de su voluntad.

Elsa podía escuchar la derrota en la voz de Javier. Se calmó y le dijo al hombre que se llevara a la prostituta con él porque no la necesitaba viviendo en su departamento. Le gritó a Elsa que saliera. Todavía temerosa de lo que sucedería, Elsa salió de su habitación. Ella se fue con un amigo de la familia que se había presentado con sus dos hijos para buscar a Elsa. Mudaron a Elsa con ellos a unos pocos estados de distancia hasta que ella pudo mantenerse económicamente.

El Problema de Elsa

Elsa fue traficada no por un extraño sino por su propio familiar. Un familiar que se aprovechó de su vulnerabilidad. Para empeorar las cosas, la violó y eso la hizo sentir como si se lo mereciera porque se mudó con un primo. A Elsa le resultaba difícil escapar porque Javier la había obligado a prostituirse y había amenazado con contarles a sus padres todo, lo que traería más vergüenza y angustia.

Cómo Ayudamos a Elsa

Elsa vino a nosotros con la esperanza de obtener un estatus legal, pero también con la esperanza de encontrar una manera de poder visitar a sus padres en su país de origen. Habían pasado muchos años desde que Elsa se había ido de casa y no había visto a sus padres desde entonces. Ahora, hablaban por teléfono cada mes, pero ella los extrañaba mucho y quería más que nada poder visitarlos.

Le explicamos a Elsa que la Visa T conduce a la residencia permanente, lo que permite a una persona viajar fuera de los Estados Unidos cuando lo desee. La Visa T se otorga por un período de cuatro años. Un año antes de que expire o tres años después de que se otorgue, el titular de la Visa T solicita la residencia permanente. Sin embargo, también hay otra opción que permite al titular de la Visa T solicitar la residencia permanente después de que se aprueba la Visa T pero antes del período de espera de tres años. Elsa encontró nuevas esperanzas y solicitó la Visa T.

Resumen de Visa T

La Visa T es para personas que han sido obligadas a trabajar o cometer un acto sexual comercial. Debieron haber sido forzados bajo amenaza de daño o daño físico. Además, el solicitante no debe haber viajado fuera de los Estados Unidos desde que escapó de la trata.

El solicitante puede obtener la Visa T dentro de los Estados Unidos sin tener que salir del país. El solicitante está calificado para presentar una solicitud por el daño que ha sufrido y porque ha cumplido con los requisitos de la Visa T. Por esta razón, no hay peticionario o patrocinador involucrado. La prueba del tráfico se establece en el testimonio escrito del solicitante.

El siguiente paso es solicitar la residencia permanente dentro de los Estados Unidos *sin* tener que salir para una entrevista en un consulado en el extranjero. La residencia se basa en la Visa T aprobada, por lo que no hay un solicitante o patrocinador involucrado.

Capítulo 16

Todo lo que necesitas saber sobre la Visa U

UN CAMINO A LA CIUDADANÍA PARA VÍCTIMAS DE CRÍMENES VIOLENTOS

La Visa U es la más reconocida de las tres Visas Humanitarias. Es para personas que han sido víctimas de un delito violento. Tiene algunos requisitos, que discutiremos en detalle más adelante. Al igual que con la Visa T, tanto los niños como los adultos pueden solicitar la Visa U.

El tiempo de procesamiento para la Visa U es el más largo de todas las Visas Humanitarias ya que más personas la conocen y la solicitan. Hay mucha información en línea que ha ayudado a difundir tanto la conciencia como educación sobre la Visa U.

¿Qué significa ser víctima de un delito violento?

El solicitante de la Visa U puede ser víctima de cualquiera de los siguientes delitos: secuestro, contacto sexual abusivo, ser retenido como rehén, chantaje, violencia doméstica, extorsión, encarcelamiento injusto, agresión criminal, mutilación genital femenina, fraude en la contratación de trabajadores extranjeros, incesto, servidumbre involuntaria, secuestro, homicidio involuntario, asesinato, obstrucción de la justicia, peonaje, perjurio, prostitución, violación, agresión sexual, explotación sexual, comercio de esclavos, acecho, tortura, tráfico, restricción criminal ilegal, manipulación de testigos, solicitud para cometer cualquiera de los delitos nombrados, conspiración para cometer cualquiera de los delitos nombrados, o intentar cometer cualquiera de los delitos nombrados.

El delito debe ocurrir mientras el solicitante de la Visa U se encuentra en los Estados Unidos.

Si alguno de los delitos anteriores ocurrió a la persona fuera de los Estados Unidos, no calificaría a la persona para una Visa U. Sin embargo, pueden calificar para asilo. El asilo es un proceso completamente diferente y es muy diferente a una Visa Humanitaria. Si alguien necesita más información sobre asilo, debe consultar con un abogado que se especialice en casos de asilo.

¿Quién Puede Obtener una Visa U?

Si la víctima es un adulto, que significa que tiene 21 años o más, entonces el adulto puede incluir a su cónyuge e hijos (menores de 21 años y solteros) como derivados al solicitar la Visa U. Sin embargo, la víctima adulta no podrá incluir a padres o hermanos como derivados.

Los derivados son familiares que pueden calificar para los mismos beneficios que la víctima. Los derivados deben aplicar como un derivado de la solicitud de la víctima. Los derivados no pueden solicitar su propio caso de Visa U por separado. La relación familiar del derivado con la víctima es lo que permite que el derivado solicite la Visa U.

¿Qué pasa si la víctima es un niño? En los casos en que la víctima es menor de edad (menos de 21 años), los padres del niño pueden ponerse en el lugar del niño y cooperar con la policía para ayudar en la investigación y el enjuiciamiento en el caso del niño.

¿Qué sucede si el niño víctima es ciudadano de los Estados Unidos pero tiene familiares inmediatos indocumentados? Si la víctima es menor de 21 años, los padres, cónyuge, hijos y hermanos (menores de 18 años y solteros) también pueden solicitar la Visa U como derivados. Por otro lado, si la víctima tiene 21 años o más y es ciudadano o residente permanente de los Estados Unidos, la víctima adulta no podrá solicitar la Visa U. Por lo tanto, no tendrán ningún derivado.

¿Por Dónde Comenzar Si Solicitas una Visa U?

Antes de solicitar la Visa U, la víctima debe obtener una certificación firmada por la agencia policial que investigó el incidente. La certificación firmada es prueba de que la víctima cumplió el requisito de cooperar con la agencia con la investigación y el enjuiciamiento del caso.

El primer paso para solicitar una Visa U no es solicitar la visa en sí, la víctima primero debe tener una *certificación de Visa U* firmada por la agencia investigadora. Esta certificación de Visa U es una prueba de que la víctima fue, es o será cooperativa en la investigación del delito.

La certificación es una evidencia requerida en la solicitud de Visa U. Sin la certificación firmada, la solicitud será rechazada. Por lo tanto, el solicitante no puede omitir este paso de obtener la certificación firmada antes de solicitar la Visa U.

Desafortunadamente, la agencia policial tiene discreción sobre si firmarán la certificación. Al momento de escribir este libro, no hay leyes federales que requieran que la agencia firme la certificación.

La agencia tiene la discreción de firmarlo o no, y no tiene que dar ninguna explicación de por qué no firmará la certificación.

¿Qué pasa si la agencia se niega a firmar? Si la agencia se niega a firmar la certificación, significa que la víctima no puede solicitar la Visa U y no puede proceder con la aplicación para la Visa U. La oportunidad para que la víctima presente la solicitud se detiene allí. No hay otra forma de aplicar si no hay una certificación firmada; sin la certificación, la solicitud será denegada. Por lo tanto, es crucial obtener la certificación firmada.

La agencia también puede tener su propia política con respecto a qué certificaciones firmarán. La agencia puede decidir que sólo firmarán certificaciones para casos que tengan menos de *x cantidad* de años y la agencia decide qué número será x. Otras agencias pueden decidir firmar solo certificaciones donde haya habido un arresto. Sin embargo, otras agencias solo pueden firmar si la víctima fue llamada como testigo en un tribunal con respecto al incidente. Aunque inmigración no requiere ninguno de estos factores para obtener la certificación de Visa U, la agencia puede establecer sus propias políticas.

¿Qué sigue después de que se firme la certificación? Una vez que la certificación es firmada, la certificación solo es válida seis meses a partir de la fecha de la firma. Por lo tanto, la solicitud de Visa U debe presentarse junto con la certificación firmada antes de la fecha de vencimiento de seis meses, que comienza en la fecha en que se firmó la certificación. Si la víctima no presenta la solicitud en ese plazo, la certificación se considerará inválida y la víctima debe obtener otra certificación firmada.

Después de recibir la certificación firmada, la víctima debe comenzar de inmediato a trabajar para completar su caso de Visa U y estar listo para presentarlo, considerando que el caso puede tomar bastante tiempo para completarlo. La aplicación debe contener tanta información como sea posible para demostrar que se cumplen todos los requisitos para la Visa U.

Se Requiere de Cooperación con Agencia Policiales

¿Qué significa cooperar con las autoridades? Cooperar con las autoridades puede ser tan simple como responder a todas las preguntas de la policía o puede ser tan complejo como testificar en la corte.

A veces, las víctimas cometen el error de dar la menor información posible a la policía porque quieren denunciar el incidente, pero tienen miedo de meterse en problemas porque son indocumentadas. Hay momentos en que se da tan poca información a la policía que no se puede hacer una investigación. Si no hay investigación, será difícil para la víctima obtener después la certificación de Visa U de la agencia.

¿Qué pasa si respondí todas sus preguntas pero me negué a hacer algo que me pidió la agencia policial? Si la víctima se niega a cooperar con los agentes policiales de alguna manera, la agencia tiene la discreción de negarse a firmar la certificación.

¿Qué sucede si declaro que no quiero presentar cargos? Negarse a presentar cargos es lo mismo que no cooperar con la agencia policial, por lo que solicitar no presentar cargos evitará que la víctima cumpla con el requisito de cooperación. No hace ninguna diferencia si la víctima se niega a presentar cargos para evitar problemas o represalias del agresor.

Algunas víctimas responderán las preguntas de la policía pero luego notificarán a la policía que no quieren presentar cargos. Cuando esto sucede, el oficial de policía generalmente hará una nota en el informe de que la víctima ya no cooperó en la investigación. En ese momento, la investigación se detiene.

Hay diferentes cosas que pueden indicarle a la policía que la víctima ya no desea continuar con la investigación, salvo que la víctima declare que no quiere presentar cargos. Estos incluyen comentarios de la víctima como, "No quiero ningún problema", "Quiero dejar las cosas en paz", "No sé suficiente información sobre el agresor para responder a sus preguntas", "No quiero que el agresor se meta en problemas", " El agresor no quiso lastimarme", " Todo fue un malentendido", " No hablo inglés correctamente, así que no puedo responder", " Solo quiero que me dejen solo", " Todo está bien". Cualquiera de estos comentarios puede hacer que el oficial anote en el informe que la víctima no cooperó. Si eso sucede, la víctima no podrá calificar para solicitar la Visa U.

Es común que las víctimas de violencia doméstica por parte de familiares o cónyuges se nieguen a presentar cargos. En casos entre cónyuges, la víctima puede negarse a presentar cargos porque no quieren que los hijos pierdan a un padre en la cárcel o porque la pareja se reconcilia. En esas situaciones, la víctima no cumple con el requisito de cooperación y la agencia policial se negará a firmar la certificación.

Además, una vez que la víctima informa a la agencia policial que no quiere presentar cargos, la víctima no puede presentar cargos *más tarde*. La mayoría de los casos se cierran una vez que la víctima decide que no desea presentar cargos.

En ese punto, la investigación se detiene y también la oportunidad de presentar cargos contra el agresor por el crimen.

¿Qué sucede si me niego a cooperar con la agencia policial después de que mi solicitud de Visa U se haya enviado a inmigración? Incluso si la solicitud de Visa U ya ha sido presentada por la víctima a inmigración, la agencia puede contactar a inmigración para retirar su certificación firmada por falta de cooperación. El requisito de cooperación con la agencia policial no es válido si la víctima decide negarse a ayudar a los agentes policiales. Esto puede suceder antes o después de que se haya enviado la solicitud de Visa U.

Se requiere que la víctima que solicita una Visa U coopere con la investigación en *todos* los sentidos antes y después de presentar su solicitud. De lo contrario, la víctima no cumplirá con los requisitos y será denegada por no cumplir con el requisito de cooperar con las autoridades. La mayoría de las víctimas no entienden que deben cooperar en todos los sentidos. Creen erróneamente que llamar a la policía para denunciar el incidente, responder a todas las preguntas de la policía y luego negarse a presentar cargos contra el agresor es suficiente para cumplir con el requisito. Sin embargo, no es suficiente.

¿Cuándo y Porqué Debo Obtener una Copia de Mi Informe Policial?

Muchas víctimas cometen el gran error de no solicitar una *copia* del informe policial cuando ocurre el incidente. Luego, cuando finalmente se enteran de la Visa U y van a la policía para solicitar una copia, descubren que no existe un informe policial. Esto puede ser el resultado de dos factores: o el informe policial nunca se creó o la agencia ya no tiene una copia porque ha transcurrido mucho tiempo.

Es esencial solicitar una copia del informe policial *tan pronto como sea posible* después de que haya ocurrido el incidente para asegurarse de que el incidente se haya documentado adecuadamente. Dependiendo de la agencia, el informe policial aún puede crearse y el incidente aún puede investigarse semanas después de que ocurra el incidente o este puede no ser el caso. Cada agencia tendrá su propia política sobre este tema.

Las agencias también tendrán su propia política sobre cuánto tiempo *guardar* sus registros antes de ser transferidos o descartados. Por lo tanto, se vuelve mucho más difícil o imposible que la víctima pueda obtener una copia de su informe policial, lo que hace que sea difícil o imposible obtener una certificación de Visa U firmada.

Saber lo que hay *en* el informe es tan esencial como solicitar una copia del informe. No todos los informes policiales calificarán para una Visa U. La narrativa del informe policial y ver quién figura como víctima y quién figura como agresor es pertinente.

En situaciones de violencia doméstica, es clave saber exactamente qué *rol* tuvo la víctima en el informe policial. Algunas víctimas cometen el error de suponer que, debido a que creen que fueron víctimas de violencia doméstica, califican para una Visa U. El informe policial puede tener el cargo doméstico enumerado como el delito investigado, pero eso no le da automáticamente a la *víctima* el rol de víctima en el informe.

Muchas víctimas cuyo primer idioma no es el inglés han cometido el error de suponer que fueron incluidas como víctimas en una situación de violencia doméstica que informaron a la policía. Sin embargo, al revisar el informe policial, no solo se le da a la víctima el rol de agresor, sino que la narración también puede dar una descripción detallada del rol de la víctima como si fuera el agresor. Por lo tanto, es imposible que la víctima solicite una Visa U basada en ese informe policial.

Aunque esta situación puede parecer absurda, es bastante común en situaciones de violencia doméstica. Puede ocurrir fácilmente cuando la víctima es el hombre en la situación. Incluso si la víctima masculina llama a la policía para denunciar el incidente, la víctima masculina puede figurar como agresor si la agresora informa de cualquier daño que la víctima masculina le haya hecho. En otras situaciones, las víctimas masculinas que no pueden hablar inglés fueron incluidas en la lista de agresores porque los agresores que hablan inglés dieron solo su versión de la historia a la policía.

Preguntas Frecuentes sobre la Certificación de Visa U

¿Qué pasa si el agresor nunca fue arrestado? El agresor no tiene que ser arrestado para que la víctima califique para la Visa U. En muchos casos, el agresor nunca es arrestado. Si hay un arresto o no, no afecta el caso de ninguna manera. El requisito que debe cumplirse es la cooperación de la víctima con la agencia que investiga el incidente, no si la cooperación condujo a un arresto.

¿Qué pasa si no fui yo quien llamó a la policía? No es necesario que la víctima llame a la policía. En muchas situaciones, la víctima resulta herida y no puede llamar a la policía. Nuevamente, al igual que con el arresto, se da importancia a si la víctima *cooperó* con la policía en la investigación, no si la víctima llamó inicialmente a la policía.

¿Qué pasa si el incidente ocurrió hace años? No hay límite de tiempo en cuando ocurrió el incidente. Con los casos más antiguos, el objetivo es poder obtener una copia del informe policial para solicitar la certificación de la agencia. Muchas agencias policiales solo guardan los informes policiales por un tiempo limitado. Después de ese tiempo, se hace muy difícil obtener una copia del informe policial, y las agencias generalmente solo firmarán la certificación si tienen una copia del informe policial original.

No Permitas que el Requisito de Haber Sufrido Abuso Físico o Mental Sustancial te Desanime a Solicitar la Visa U

Muchas personas se desalientan a solicitar la Visa U porque no tienen ningún historial médico que demuestre su daño. La verdad es que *no necesita ningún historial médico porque no son necesarios*, y el daño a menudo puede ser solo emocional.

Sin embargo, si requirió atención médica para su examen físico o daño emocional, entonces es mejor proporcionar los documentos médicos con su solicitud. Si su daño fue emocional, no tiene que proporcionar ningún registro médico como prueba.

¿Qué es el daño emocional? El daño emocional puede manifestarse en muchas formas diferentes. Cada persona es diferente. Después del incidente, algunas personas pueden sufrir ansiedad y pesadillas. Otros pueden estar traumatizados hasta el punto de que temen salir de su hogar. En los casos en que un arma estuvo involucrada y recibió un disparo, la víctima puede continuar temiendo el sonido de ruidos fuertes. En los casos en que la víctima fue agredida por una persona de una raza o género específico, la víctima puede temer estar cerca de personas de esa raza o género.

Entonces, ¿cómo demuestras que cumples con el requisito de daño sustancial sin registros médicos? La respuesta es bastante simple. Tú demuestras tu daño sustancial al explicar por escrito cómo fuiste perjudicado en una declaración personal firmada por ti mismo. Tu firma atestigua que todo lo que está escrito es verdadero.

¿Cuánto Tiempo Tomará una Decisión sobre mi Caso de Visa U?

Los tiempos de procesamiento de casos de la Visa U han seguido aumentando desde que la Visa U se hizo cada vez más popular a partir de 2013. En 2013, muchas víctimas descubrieron la Visa U y comenzaron a solicitarla porque no hay límite en cuanto tiempo ocurrió el incidente. Por lo tanto, muchas víctimas con informes policiales más antiguos comenzaron a buscar abogados de inmigración para ayudarlas a solicitar la Visa U. Otras personas que aún no habían sido víctimas de un delito se dieron cuenta de que si alguna vez fueron víctimas de un delito, deberían denunciarlo inmediatamente a la policía porque sería la única forma para ayudarlos a solicitar la obtención de un estatus legal en los Estados Unidos.

Después de que la Visa U ganó popularidad, comenzó a haber más solicitudes que Visas U disponibles cada año. Cada año solo hay 10,000 Visas U disponibles. Sin embargo, hay más de 10,000 solicitudes de Visa U presentadas cada año. Según los Servicios de Ciudadanía e Inmigración de los Estados Unidos, en 2016, se presentaron 60,710 solicitudes de Visa U. Por lo tanto, los tiempos de procesamiento se extienden más y más cada año.

United States Department of Homeland Security. Number of Servicewide Forms by Fiscal Year-to-Date, Quarter, and Form Status 2015 Number of Service-wide Forms by Fiscal Year-to-Date, Quarter, and Form Status 2016. http://www.ilw.com/immigrationdaily/news/2016,1228-US-CISAllForms.pdf.

Capítulo 17

La Historia de Patricio

CÓMO UN HOMBRE INDOCUMENTADO OBTUVO
UNA VISA U PORQUE FUE ATACADO CRIMINALMENTE

Patricio llegó a los Estados Unidos hace más de una década. Trabajaba mucho y vivía con su esposa y sus dos hijos. Siempre había ido a la iglesia regularmente con su familia, y ellos se mantenían ocupados con la familia de su iglesia.

Un día, llegó a casa después del trabajo y descubrió que algunos vecinos nuevos se estaban mudando al otro lado de la calle. Había cinco hombres que se mudaban sin familias, y Patricio fue a saludarlos.

Patricio preguntó si necesitaban ayuda. Les dijo dónde vivía y les dijo que le hicieran saber si necesitaban algo. Patricio les hizo saber que estaba contento de que se mudaran porque no había otros hombres hispanos viviendo en el vecindario.

La esposa de Patricio, Esther, era ama de casa. Estaba en casa la mayor parte del día sola mientras los niños estaban en la escuela y Patricio estaba en el trabajo. Esther no había visto ni conocido a sus nuevos vecinos. Sabía que eran hombres solteros que vivían sin familias, así que pensó que era inapropiado ir a conocerlos.

Un par de días después de que los vecinos se mudaron, Esther tuvo su primer encuentro incómodo con ellos. Un par de los hombres estaban sentados en su porche cuando ella llegó a casa después de comprar comestibles. Los hombres estaban sentados allí bebiendo cerveza. La vieron y comenzaron a silbar y llamarla. Ella los ignoró y no cedió a sus insinuaciones. Esther rápidamente agarró los comestibles y entró a la casa. Cuando Patricio llegó a casa del trabajo, Esther estaba tan preocupada por cocinar la cena, la tarea de los niños y prepararlos para la cama que se olvidó de mencionar el incidente a Patricio.

Ese fin de semana, cuando Patricio y la familia llegaban a casa, todos los hombres estaban sentados en su porche bebiendo. Patricio los saludó y entró con su familia. Pensó que si estaban bebiendo no debería ir porque probablemente querrían que bebiera una cerveza con ellos. Esther recordó el incidente que ocurrió solo unos días antes. Pensó que no debería decirle nada a Patricio ya que probablemente era un malentendido y los hombres no se habían dado cuenta de que era la esposa de Patricio.

Un par de días después, Esther estaba sola en casa. Salió a hacer mandados y regresó a casa alrededor del mediodía. Inmediatamente, observó que dos hombres estaban sentados en su porche bebiendo cerveza. Ella dudó antes de salir de su auto. De nuevo, los hombres comenzaron a silbarle. Sin embargo, esta vez le hicieron comentarios inapropiados sobre su cuerpo. Esther sabía que tendría que contarle a Patricio sobre este incidente cuando llegara a casa.

Esther entró en la casa y cerró la puerta. Ella se sintió segura. Unos minutos después, tocaron la puerta. No tuvo que preguntar quién era porque escuchó al hombre afuera haciendo comentarios. Se dio cuenta de que estaba muy intoxicado por la forma en que arrastraba el habla. Esther tenía miedo y no sabía qué hacer. Si llamaba a la policía, podrían interrogarla sobre su estado migratorio y podría meter en problemas a ella y a Patricio si descubrían que eran indocumentados. Esther amenazó al hombre con llamar a la policía. Afortunadamente, eso fue suficiente para que se fuera.

Esa noche, cuando Patricio llegó a casa del trabajo, Esther le dijo qué sucedió. Todavía estaba alterada por el incidente. Patricio sabía que tenía que poner fin a este comportamiento.

Cuando Patricio cruzó la calle hacia la casa del vecino, allí había ahora tres hombres en el porche bebiendo. Patricio se acercó a ellos calmadamente y preguntó cuál de ellos había venido a su casa para molestar a su esposa. Ninguno de los hombres lo admitió. Uno de ellos hizo comentarios despectivos alegando que ninguno de ellos de ellos estaba interesado en su esposa. Luego, amenazó a Patricio, diciéndole que se fuera si no quería salir lastimado por acusarlos falsamente de molestar a su esposa. Patricio les dijo que no quería problemas y simplemente les pidió que dejaran en paz a su esposa. Les dijo que era irrespetuoso.

Cuando Patricio regresaba a su casa, escuchó un grito detrás de él y se volteo. Se giró justo a tiempo para prepararse para el impacto de uno de los hombres que le atacaban. Esto asustó a Patricio, y todo lo que pudo hacer fue levantar las manos para bloquear el golpe. De repente, Patricio estaba en el suelo y el hombre le puso un cuchillo en el cuello. Patricio se defendió y logró alejar al hombre de él. El hombre le gritó a Patricio, advirtiéndole que no debería haberse metido con ellos. Entonces, el hombre se dio la vuelta y se fue a casa.

Patricio yacía allí mirando como el hombre regresaba a su casa. Estaba demasiado conmocionado y asustado como para hacer otra cosa. Ni siquiera llamó al 911, a pesar de que el teléfono estuvo en su bolsillo todo el tiempo.

Sin embargo, Esther había visto todo el incidente y llamó al 911 para pedir ayuda. Una vez que llegó la policía, fueron a la casa de Patricio y le preguntaron qué había pasado. Patricio explicó toda la situación como había sucedido al oficial de policía. Patricio permitió que el oficial de policía tomara fotos del corte que el hombre dejó en el cuello de Patricio por el ataque. Luego, Patricio cruzó la calle con el oficial de policía para identificar al hombre que lo atacó. Nadie abrió la puerta.

El oficial de policía se fue después de tomar la información e intentar hablar con alguien en la casa del vecino. El oficial le preguntó a Patricio si necesitaba ser llevado al hospital. Patricio dijo que estaba bien y que no era necesaria una ambulancia. Patricio agradeció no haber sido apuñalado ni herido. Había tenido un pequeño corte en el cuello, pero sanaría rápidamente.

Esa noche, Patricio y Esther no pudieron dormir. Estuvieron despiertos toda la noche temerosos de que los hombres volvieran a atacarlos mientras dormían y les harían daño a ellos y a sus hijos. Habían llamado a la policía, pero el atacante no fue arrestado. Temían que vendría a vengarse por llamar a la policía.

Al día siguiente, Patricio no vio ninguna señal de los hombres. Esperaba que llamar a la policía los asustara lo suficiente como para mantenerlos alejados. Luego, pasó otro día y todavía no había señales de ellos. Una semana después y nada. Otro vecino le dijo a Patricio que los hombres se habían ido en medio de la noche unos días después del incidente. Esa fue la última vez que Patricio o alguno de los vecinos los vio.

El oficial de policía que había llegado a la escena llamó a Patricio un par de días después del incidente. El oficial de policía estaba haciendo un seguimiento para ver si Patricio tenía alguna otra información sobre el hombre que lo atacó. Patricio le dijo que no los había visto.

Después del ataque, Patricio y Esther vivían con miedo y ansiedad constantes. No habían dormido bien en meses. Patricio instaló una alarma en su casa y compró un arma para protegerse. No dejaron que los niños jugaran afuera sin supervisión, y se aseguraron de mantener siempre cerradas sus puertas.

El Problema de Patricio

Patricio y Esther vinieron a nosotros angustiados y exhaustos. Habían sufrido durante años después del ataque. Estaban cansados de no poder superar el miedo y la ansiedad que sentían constantemente. Antes del ataque, eran una familia feliz. Acudían regularmente a la iglesia y asistían a funciones comunitarias. Tenían muchos amigos cercanos en la iglesia y eran muy sociables con ellos. Ahora, eran personas diferentes. El ataque los había cambiado, y todavía no habían podido volver a ser quienes alguna vez fueron. Su matrimonio estaba sufriendo, y extrañaban a la pareja que habían sido.

Fue solo recientemente que un amigo cercano vio uno de nuestros videos en línea con respecto a la Visa U y le dijo a Patricio sobre la opción. Sabía lo que Patricio había sufrido y sabía que él y Esther aún sufrían por el incidente. El amigo de Patricio lo alentó a averiguar más y a buscar la oportunidad de obtener una Visa U como una forma de obtener justicia por las partes de sus vidas que fueron quitadas de su familia y su matrimonio.

Patricio nos buscó porque creía que parte de la razón por la que no habían superado el ataque fue porque el atacante nunca había sido arrestado. El atacante se alejó y nunca regresó. Todavía estaba allí y podía atacar a Patricio nuevamente o lastimar a alguien más.

Cómo Ayudamos a Patricio

Una cosa que podemos hacer con certeza es ayudar a las víctimas a solicitar las visas para las que califican, y así es exactamente cómo ayudamos a Patricio y Esther. Después de escuchar la historia de Patricio, revisar su informe policial y hacerle algunas preguntas, supimos que calificaba para la Visa U.

Como muchas víctimas, Patricio no fue a buscar una copia de su informe policial hasta que se enteró de la Visa U varios años después del incidente. Patricio quería la copia para poder averiguar con un abogado si calificaba para la Visa U. Afortunadamente, la agencia policial tenía una copia del informe policial y se la dieron.

La mayor preocupación de Patricio era que no podría probar que sufrió daños considerables porque su atacante no lo apuñaló. Además, no buscó atención médica el día del ataque.

Le explicamos a Patricio que no se requieren registros médicos para solicitar la Visa U. Le dejamos saber que su prueba de daño sería documentar y explicar cómo fue dañado física y emocionalmente por el ataque en una declaración personal. Patricio se sintió mucho más cómodo sabiendo que firmar la declaración personal sería su prueba de que estaba diciendo la verdad sobre el daño sustancial que sufrió a causa del ataque.

Lo que Podría Haber Salido Mal y Descalificado a Patricio como Víctima de una Visa U

Al igual que Patricio, el primer error que cometen muchas víctimas es que no llaman a la policía para pedir ayuda. En este caso, su esposa vio que estaba siendo atacado y decidió llamar a la policía. Sin embargo, Patricio no llamó él mismo a la policía. Es común que las víctimas no llamen a la policía cuando se encuentran en una situación peligrosa.

Las víctimas saben que necesitan ayuda, pero están más preocupadas por qué les sucederá si llaman a la policía y la policía descubre que son indocumentados. Su temor es que llamar a la policía resulte en su deportación, por lo que muchas víctimas nunca contactarán a la policía sobre el incidente que ocurrió. Algunos querrán informar el incidente una vez que sepan que podría ayudarlos a solicitar una Visa U, pero para ese momento ha pasado demasiado tiempo para que la policía investigue el incidente. Si ha transcurrido un período de tiempo prolongado desde el incidente, la policía generalmente solo hará un informe descriptivo, que no conduce a una investigación como se requiere para la Visa U.

Otro error que cometen las víctimas es que no cooperan con las autoridades en la investigación. Las víctimas pueden negarse a responder cualquier pregunta de la policía porque quieren evitar que la policía pregunte sobre su estado migratorio. Otras víctimas tienen miedo de responder cualquier pregunta porque no quieren que el agresor tome represalias. La víctima teme que si denuncian al agresor a la policía, el agresor tomará represalias denunciando a la víctima a inmigración.

Sin embargo, en este caso, Patricio había hablado con la policía cuando llegaron, aunque él no fue quien los llamó. No solo respondió a todas sus preguntas, sino que le explicó al oficial de policía todo lo que sucedió. Esto ayudó a la policía a crear un informe policial para la investigación. Patricio cooperó por completo con las autoridades, no solo después del ataque, sino también durante los dos días en que el oficial de policía llamó para hacer un seguimiento.

¿QUÉ PASA DESPUÉS DE SOLICITAR LA VISA U?

✓ 30 DÍAS DESPUÉS DE ENVIAR SU SOLICITUD A INMIGRACIÓN, **RECIBIRÁ UN RECIBO QUE INDICA QUE SU CASO ESTÁ PENDIENTE.**

✓ 60 DÍAS DESPUÉS DE ENVIAR SU SOLICITUD A INMIGRACIÓN, **RECIBIRÁ SU CITA BIOMÉTRICA.**

✓ SU CASO SERÁ PROCESADO DE ACUERDO CON LOS TIEMPOS DE PROCESAMIENTO QUE SE ENCUENTRAN EN EL SITIO WEB WWW.USCIS.GOV, **LUEGO RECIBIRÁ UNA DECISIÓN SOBRE SU CASO.**

Los tiempos de procesamiento son aproximados.

HONEST IMMIGRATION.

Capítulo 18

La Historia de Emilia

CÓMO UNA VÍCTIMA DE VIOLENCIA DOMÉSTICA
PUEDE OBTENER LA VISA U O LA VISA T

Cuando Emilia tenía solo 12 años, tuvo que abandonar la escuela porque sus padres ya no podían pagar su educación. Tenía tres hermanos menores a quienes sus padres tenían que pagar la colegiatura. Emilia pensó que probablemente tendría el mismo destino que su hermana mayor cuando tenía 13 años. En una situación financiera desesperada, sus padres permitieron que un hombre mayor les pagara a cambio de casarse con su hija. Su esposo se mudó con ella, y Emilia no la había visto ni había sabido de ella desde entonces.

Matrimonio Arreglado

No pasó mucho tiempo antes de que el padre de Emilia la exhibiera para que los hombres la vieran. Él haría que su madre la bañara y se pusiera su mejor vestido. Vendrían y la mirarían. No le preguntaban nada. Solo la miraban y luego hablaban en privado con su padre. Por la mirada derrotada en el rostro de su madre, ella sabía que ella también sería vendida al mejor postor.

Emilia tenía miedo, pero sabía que sus hermanos menores se beneficiarían del dinero. Apenas tenían suficiente para comer. Su papá no podía encontrar trabajo. Emilia no pudo evitar preguntarse si eso tenía algo que ver con que él siempre estuviera borracho.

Después de unas pocas semanas, Emilia sabía que su padre había encontrado un esposo para ella. Ese día, su madre no podía parar de llorar. Ella ocultaba su rostro, pero Emilia sabía que estaba triste. Ella le dijo a Emilia que fuera fuerte y que la amaba. Emilia solo deseaba que su padre hubiera dicho lo mismo.

Esa noche, un hombre vino a la casa. Ni siquiera entró. Su padre la tenía lista en la puerta y la entregó tan rápido como el hombre había tocado. Emilia sabía que llorar no serviría de nada. Sabía que tratar de escapar solo empeoraría las cosas para ella. Después de todo, no es como si el hombre la estuviera secuestrando. Sus padres se la estaban dando.

Se llamaba Axel y tenía 29 años.

Axel hizo los arreglos al día siguiente para que Emilia cruzara a los Estados Unidos. Él le dijo que la buscaría al otro lado. Dijo que debería escuchar a la mujer que la llevaría al otro lado de la frontera.

Abuso Infantil y Embarazo

Emilia nunca hubiera imaginado la situación que estaría viviendo. Axel ya estaba casado y tenían tres hijos pequeños. Emilia fue comprada para ser su sirvienta y ayudar a cuidar a sus hijos para que Axel pudiera poner a su esposa a trabajar limpiando casas.

De inmediato, Axel estableció las reglas que prohibían que Emilia y la esposa hablaran entre sí. Emilia debía recibir órdenes sólo de él.

Después del trabajo, Axel bebía en exceso y era abusivo con su esposa, Emilia y los niños. No pasó mucho tiempo antes de que Axel comenzara a ir a la habitación de Emilia por la noche para violarla. Él le decía que ella era como su segunda esposa. Emilia no sabía si la esposa sabía que esto estaba sucediendo o no. Si la esposa lo sabía, ella nunca lo dejaba ver. La mujer parecía exhausta todo el tiempo. Emilia no podía pedirle ayuda porque Axel siempre estaba allí cuando la esposa estaba en casa.

Un par de años después, Emilia quedó embarazada. Ella solo tenía 14 años. Estaba asustada por los cambios que ocurrían en su cuerpo. Ni siquiera sabía que estaba embarazada hasta que Axel se enojó con ella y le dijo que iba a tener un bebé. No se había sentido bien por unos días. Axel la vio vomitar una mañana en el baño y se puso furioso. Él le dijo que no pensara que iba a dejar de hacer sus quehaceres en casa. Incluso durante el embarazo, Emilia tuvo que hacer la limpieza de la casa, preparar el desayuno, lavar la ropa y ayudar con los niños.

Emilia estaba asustada. No había hablado con sus padres desde que Axel se la había llevado de su casa. Hubo cambios en su cuerpo que la hicieron sentir horrible la mayoría de los días. Deseó poder hablar con su madre y preguntarle qué hacer. Emilia sabía que ahora nunca podría esperar volver a casa.

Abandonada en el Hospital

Nueve meses después, Emilia se despertó con un dolor terrible. El dolor era insoportable cada vez que su estómago se contraía. Fue al baño pensando que podría vomitar.

Mientras yacía en el piso del baño, Axel entró y la vio. Le dio una patada en la pierna y le dijo que se levantara y se vistiera. Emilia pensó que en realidad podría llevarla a ver a un médico. Se las arregló para levantarse y vestirse con la esperanza de que él le encontrara un médico.

Axel le dijo que se subiera al auto. Ella no hizo ninguna pregunta porque sabía que él ya estaba enojado. Condujeron a un hospital, donde detuvo el auto antes de llegar a la entrada. Él le dijo que era mejor que no mencionara su nombre ni ninguno de los miembros de su familia. Axel le dijo que si alguien le preguntaba su edad, debería decir que tenía dieciocho años. Amenazó con que si ella no obedecía, se encargaría de que sus padres y hermanos en México fueran asesinados.

Él le dijo que saliera del auto y caminara hacia la entrada. Emilia obedeció. Luchando y con un dolor agonizante, entró en el hospital. Una enfermera en la sala de emergencias la vio. Emilia no podía hablar inglés, así que no tenía forma de comunicarse con la enfermera. Pero la enfermera sabía que Emilia estaba en labor de parto.

Emilia dio a luz a un bebé esa noche. Sin embargo, la paz y el tiempo a solas que estaba disfrutando con su bebé duraron poco. A la mañana siguiente, una trabajadora social vino a hablar con Emilia. Ella hablaba español y comenzó a hacerle muchas preguntas a Emilia. Emilia recordó lo que Axel le dijo. Ella le dijo a la mujer que tenía 18 años. Ella mintió y dijo que había venido sola a los Estados Unidos y que no tenía ningún documento de identificación.

La trabajadora social sabía que Emilia no le estaba diciendo toda la verdad sobre su situación de vida, pero quería ayudarla ahora que tenía un bebé. Ella le dijo a Emilia que si le contaba la verdad sobre lo sucedido, podría ayudarla a encontrar un lugar donde estaría a salvo. Emilia pensó en su hijo recién nacido, el hecho de que no tenía a dónde ir, y nadie para evitar que Axel la lastimara. Ella le dijo a la trabajadora social la verdad sobre lo que sucedió. Se llamó a la policía para que hiciera un informe e investigara la situación. La trabajadora social ayudó a Emilia a refugiarse con otras mujeres maltratadas.

Axel nunca fue arrestado ya que la casa fue encontrada abandonada cuando la policía fue a buscarlo.

El Problema de Emilia

A pesar de que han pasado años desde que Emilia fue abandonada en el hospital, todavía teme que Axel vaya a buscarla en represalia por denunciarlo a la policía. Ella no sabe si él abandonó la casa porque sabía que ella lo había denunciado o si él se había ido en caso de que ella lo denunciara.

Una vez que el refugio la ayudó a ponerse de pie, se mudó a un estado diferente. Ahora está casada y tiene dos hijos más. Sin embargo, ella todavía lucha diariamente por el abuso que sufrió cuando era niña.

Cómo Ayudamos a Emilia

Emilia ahora está enfocada en su familia y está saliendo adelante por el bien de ellos. Un amigo descubrió que una Visa U podría ser una opción para que ella y su esposo obtuvieran un estatus legal, por lo que hizo una cita y ambos vinieron a nuestra oficina para obtener información.

Querían poder obtener una licencia para poder conducir sin temor a ser arrestados. Querían obtener un mejor trabajo para mantener a sus hijos, pero necesitaban permisos de trabajo para hacerlo. También querían sentirse seguros y no tener miedo de ser deportados.

Hablamos de su situación y descubrimos que cumplía con los requisitos tanto para la Visa U como para la Visa T. Ella cumplió con los requisitos para la Visa U porque denunció el abuso a la policía. También cumplió con los requisitos para la Visa T porque fue víctima de trata de personas.

Ambas Visas Humanitarias proporcionan una licencia de conducir y un permiso de trabajo. Estas son las opciones que tiene Emilia que la ayudarán a tener el futuro que ella y su esposo desean. Depende de Emilia decidir si quiere perseguir una o ambas Visas. La principal diferencia entre las dos visas es el tiempo de procesamiento. En el momento en que Emilia nos consultó, la Visa U tenía una espera de cinco años y la Visa T tenía una espera de un año.

La mayor preocupación de Emilia era si solicitar una Visa Humanitaria requeriría la participación de Axel de alguna manera. Ella vivía escondiéndose de él y no quería que él supiera nada sobre su paradero. Le explicamos a Emilia que la Visa U y la Visa T fueron diseñadas para proteger a la víctima. Esto incluía mantener confidencial su dirección e información. En ningún momento, inmigración contactaría a Axel y le haría saber algo sobre su solicitud. Emilia se sintió aliviada y esperanzada cuando escuchó esto.

Capítulo 19

La Historia de Cristóbal

CUANDO UN NIÑO ES LA VÍCTIMA, LOS PADRES
PUEDEN USUALMENTE APLICAR PARA LA VISA U

Una tarde, Cristóbal recibió una llamada de su esposa, Rachel, mientras estaba en el trabajo. Normalmente no lo llamaba al trabajo porque sabía que el trabajo de Cristóbal tenía una política estricta de uso personal limitado del teléfono celular. La primera vez que ella llamó, lo dejó sonar hasta que llegó a su correo de voz. Unos segundos después, volvió a llamar. Cristóbal supo que tenía que contestar ya que estaba llamando dos veces seguidas. Cuando Cristóbal respondió a su llamada, nunca había imaginado lo que escucharía. Su grito atravesó su tímpano. Algo estaba terriblemente mal.

Al principio, Cristóbal no pudo entender lo que estaba diciendo. Luego, lentamente, mientras escuchaba algunas de las palabras a través de sus sollozos incontrolables, se dio cuenta de que ella le estaba diciendo que su hijo, Andrew, había recibido un disparo y que había fallecido. Cuando su corazón se aceleró, Cristóbal solo pudo responder preguntándole dónde estaba. Ella le dijo que estaba en el hospital. Dijo que estaría allí mismo. Cristóbal dejó su trabajo después de decirle brevemente a un amigo que le hiciera saber a su supervisor que tenía una emergencia familiar.

En el camino a casa, un millón de preguntas diferentes pasaron por su mente. ¿Quién le había disparado a su hijo? ¿Por qué le dispararon? ¿Dónde estaba él cuando le dispararon? Su hijo tenía solo ocho años; ¿Cómo podría alguien no haber evitado que esto sucediera?

Cuando Cristóbal llegó al hospital, varios miembros de la familia estaban allí con Rachel, consolándola y llorando su pérdida. Rachel cayó en los brazos de Cristóbal sollozando sin control. Todo lo que pudo decir fue: "Nuestro niño falleció".

Mientras estaban sentados en el vestíbulo del hospital, Cristóbal escuchó lentamente la lentamente de su familia la historia sobre lo que había sucedido. Andrew había llegado a casa de la escuela en el autobús con su hermano mayor y su hermana menor. Rachel, que era una ama de casa, saludó a los niños cuando llegaron a casa. Como de costumbre, los niños salieron a jugar antes de cenar, y Rachel los miró por la ventana mientras comenzaba a cocinar.

Andrew entró y le preguntó a Rachel si podía ir a jugar a la casa de su vecino. Como su amigo solo vivía a dos casas de distancia, Rachel le permitió ir.

Aproximadamente una hora después, Rachel escuchó un fuerte sonido. Parecía que alguien había disparado un fuego artificial. Momentos después, su hijo mayor corrió hacia la casa diciéndole que había escuchado un disparo. Rachel miró a su alrededor y vio que su hija estaba mirando televisión, pero Andrew todavía no había regresado de la casa del vecino. Ella le dijo a su hijo mayor que fuera a buscar a Andrew y le dijera que volviera a casa. Ella no quería a sus hijos afuera si alguien disparaba un arma.

Unos cinco minutos después, escuchó a su hijo mayor gritar por ella. Miró por la ventana y vio que estaba llorando y parecía muy pálido. Estaba corriendo desde la dirección de donde vivía el amigo de Andrew. Rachel salió corriendo y antes de que pudiera preguntarle qué pasaba, él le dijo que le habían disparado a Andrew y que estaba sangrando mucho. Rachel se sorprendió y siguió a su hijo a la casa del vecino.

La puerta de la casa todavía estaba abierta. Mientras corrían adentro, no vieron adultos dentro de la casa. Andrew estaba tendido en el suelo, boca abajo, en la puerta de una de las habitaciones. Estaba solo y su sangre empapaba la alfombra debajo de él. Rachel abrazó a Andrew y le dijo a su hijo que corriera a su casa a buscar su teléfono celular. Cuando regresó, ella llamó al 911. Como no podía hablar inglés, hizo que su hijo le dijera al operador que le habían disparado a su hermano menor y que necesitaban una ambulancia de inmediato. Después, Andrew fue declarado muerto en el hospital.

Más tarde, la familia descubrió que Andrew había ido a la casa de su vecino de 10 años cuando los padres del niño no estaban en casa. Otro niño de su edad se había unido a ellos para jugar. El vecino les mostró el arma de su padre. Luego cargó el arma como había visto hacer a su padre y fingió dispararle a sus amigos. Andrew se asustó cuando su vecino ladeó el arma. Cuando Andrew se levantó para irse, el vecino exigió que no se fuera. Temía que Andrew lo contara y lo metiera en problemas. Cuando Andrew se negó a quedarse, el vecino le disparó a Andrew.

Cristóbal y Rachel pasaron las siguientes semanas llendo a la estación de policía y respondiendo todas las preguntas del departamento de policía sobre el asesinato de Andrew. Condujeron a su hijo mayor a la estación varias veces porque había sido uno de los primeros en llegar a la escena después de que Andrew recibió un disparo. Además, todos asistieron y sirvieron como testigos durante los juicios judiciales.

El Problema de Cristóbal

Cristóbal y Rachel habían vivido llorando la muerte de su hijo durante años. Eran indocumentados y también su hijo mayor, a quien habían traído a los Estados Unidos cuando era un bebé. Además de tener que vivir con el dolor diario de perder un hijo, también vivían con el temor de ser deportados. Ya habían sufrido tanto por perder a su hijo menor y no querían separarse de sus otros dos hijos por ser deportados. También temían lo que sucedería con su hijo si fuera detenido y separado de ellos. Sabían que si eran deportados, cruzar la frontera sin documentos para regresar a los Estados Unidos podría ser una misión fatal.

Cómo Ayudamos a Cristóbal

Cristobal vino a nosotros después de que hubo una redada de inmigración en su ciudad y varias personas que conocía habían sido detenidas. La realidad les golpeó y se dieron cuenta de que fácilmente podrían haber sido ellos los detenidos y separados de sus hijos. Temían que pronto habría otra redada, y estaban desesperados por encontrar una manera de permanecer en los Estados Unidos legalmente.

Nos contactaron para averiguar sobre una ley que alguien mencionó que les daba residencia a las personas automáticamente si habían estado en el país por más de 10 años. Después de asegurarle a Cristóbal que no existía tal ley, le expliqué a Cristóbal que tenían la opción de solicitar la Visa U como víctimas indirectas porque su hijo había sido víctima de un delito violento.

Las mayores preocupaciones de Cristóbal eran que no calificarían para la Visa U porque no fueron víctimas del crimen y su hijo, Andrew, había sido ciudadano de los Estados Unidos. Pensaban que debían figurar como víctimas en el informe policial y que el niño víctima debía ser indocumentado. Les expliqué que bajo la Visa U, los padres que son indocumentados pueden postularse como víctimas indirectas si el niño es víctima de un delito en los Estados Unidos, siempre y cuando los padres ayuden a la policía para que el niño esté disponible para cooperar en la investigación del delito o los propios padres cooperaron en la investigación del delito.

Además, le expliqué que el niño tenía que ser menor de 21 años y que el estado migratorio del niño no era relevante. No importaba si el niño era indocumentado o tenía algún estatus legal de inmigración.

Para que los padres califiquen como víctimas indirectas, tenían que poseer información sobre el delito y haber sido de ayuda en la investigación o el enjuiciamiento del delito.

Para que los padres posean información que los califique como víctimas indirectas, se requiere que los padres tengan información creíble y confiable sobre la actividad delictiva. Los padres deben tener información detallada sobre el crimen o tener información sobre los eventos que condujeron al crimen, y la información debe ayudar a la agencia policial en la investigación o enjuiciamiento del crimen.

Una vez que entendieron cómo la Visa U les permitió a los padres solicitar la Visa U, preguntaron cómo podían ayudar a su hijo mayor a obtener el estatus legal. Le expliqué que la Visa U permite que un adulto que está solicitando Visa U puede incluir a su cónyuge indocumentado y sus hijos indocumentados menores de 21 años y solteros como derivados en la solicitud. Los derivados obtienen la Visa U al igual que el solicitante. El solicitante debe solicitar e incluir a su cónyuge e hijos como derivados para que todos puedan obtener la Visa U. Por lo tanto, en este caso, Cristóbal se postularía como sujeto principal y él incluiría a Rachel y su hijo como derivados.

Resumen de Visa U

La Visa U es para víctimas de un delito de violencia dentro de los Estados Unidos. La víctima debe haber cooperado con la policía en la investigación o enjuiciamiento de la actividad criminal. Además, la víctima debe haber sufrido mental o físicamente.

La Visa U se puede solicitar dentro o fuera de los Estados Unidos. Para las víctimas que solicitan la Visa U dentro de los Estados Unidos, no tienen que salir de los Estados Unidos para obtener la Visa. Para las víctimas que solicitan la Visa U fuera de los Estados Unidos, permanecerán en el extranjero hasta que se apruebe su Visa. En ese momento, la Visa U se puede recoger en el consulado de los Estados Unidos en el país donde residen y pueden ingresar a los Estados Unidos.

El siguiente paso es solicitar la residencia permanente basada en la Visa U aprobada. Esto no requiere un peticionario ni un patrocinador. Hasta ahora, no se ha requerido una entrevista para obtener la residencia a través de la Visa U.

Conclusión

Te trajeron a los Estados Unidos injustamente o fuiste maltratado después de llegar. Tienes derecho a protegerte de los peligros que enfrentan los inmigrantes después de escapar de sus torturadores. No debes vivir con miedo y escondiéndote de tu torturador. Hay una manera de buscar justicia. Puede que no signifique poner a su torturador entre rejas, pero significa que puede obtener un estatus legal para corregir el daño que has sufrido.

Los Servicios de Ciudadanía e Inmigración de los Estados Unidos tienen una variedad de diferentes visas y programas para ayudar a las personas que necesitan ayuda por coerción, abuso y otras circunstancias urgentes a las que han sido sometidos. Cada opción tiene su propio conjunto de requisitos que deben cumplirse para que uno pueda calificar y solicitar. Estos requisitos protegen contra cualquier abuso de un sistema que brinda oportunidades para ayudar a aquellos que realmente necesitan ayuda.

Nunca asumas que obtener el estatus legal es tan fácil como completar formularios. Toda ley de inmigración es compleja. Deberías estar trabajando con un abogado en tu caso de inmigración. Obtener ayuda de una persona que no sea un abogado para presentar su documentación podría dar lugar a errores que podrían costarle su libertad. Además, busca asesoría legal *solo* de un abogado con licencia para ejercer la abogacía en los Estados Unidos.

Sería un honor ayudarte. Contáctenos en www.honestimmigration.com.

Preguntas Frecuentes sobre VAWA, Visa U y Visa T

¿Qué pruebas necesito para demostrar que ocurrió el incidente?

Además de la Visa U, que requiere una certificación firmada de Visa U, la única prueba que debes presentar con tu solicitud es tu testimonio firmado. Tu testimonio debe describir los detalles sobre el incidente y el daño que sufriste.

¿Qué pasa si mi incidente ocurrió hace muchos años? ¿Puedo presentar una solicitud?

Si. No hay límite de tiempo cuándo ocurrió el incidente.

¿Qué sucede si mi caso es denegado?

Si tu caso es denegado, debes presentar una moción o una apelación. La presentación de una moción o una apelación evitará que la decisión sea definitiva y probablemente ayudará a evitar que te coloquen en un proceso de deportación.

¿Tendré que asistir a una entrevista con inmigración?

No. No hay entrevista cuando se solicita VAWA, Visa T o Visa U. Sin embargo, puede haber una entrevista dentro de los Estados Unidos al solicitar la residencia con base en la visa aprobada.

¿Me estoy poniendo en riesgo de deportación al solicitar una Visa Humanitaria?

Vivir en los Estados Unidos sin documentos pone a un individuo en riesgo diariamente de ser detenido por inmigración y probablemente ser deportado. Solicitar una Visa Humanitaria no impide que una persona sea detenida, pero puede ser de gran ayuda para evitar que una persona sea deportada si puede continuar y completar el proceso de solicitud.

¿Qué sucede si no tengo un informe policial sobre el incidente?

No se requieren informes policiales para VAWA, Visa U o Visa T. Sin embargo, el informe policial es necesario para la Visa U si el caso nunca fue a la corte.

Si solicito una Visa Humanitaria, ¿tendrá inmigración mi dirección y sabrá cómo encontrarme?

No. No es necesario incluir tu dirección en tu solicitud de Visa Humanitaria. En cambio, puedes usar la dirección de tu abogado u obtener permiso para usar otra dirección.

¿Inmigración espera que sepa el nombre de mi traficante o la dirección donde me traficaron?

No. No se espera que las víctimas sepan los nombres de sus traficantes o las direcciones donde fueron traficados.

Si las Visas Humanitarias han existido durante tanto tiempo, ¿cómo no supe de ellas?

A pesar de cuánto tiempo han existido estas Visas Humanitarias, todavía existe la necesidad de más educación con respecto a estas opciones. Además, no todos los abogados de inmigración toman este tipo de casos.

¿Ir a un notario es lo mismo que ir a un abogado?

No. Un notario no tiene licencia para ejercer legalmente en los Estados Unidos. Lo que es más importante, los notarios no son responsables de sus errores en los casos.

Después de que se apruebe mi visa, ¿tendré que abandonar el país para solicitar la residencia?

No. La solicitud de residencia basada en una visa VAWA, Visa T o Visa U aprobada se realiza dentro de los Estados Unidos.

Califico para una Visa Humanitaria, pero ¿hay una mejor manera de obtener estatus legal?

No, a menos que puedas encontrar otra opción que te permita obtener estatus legal y luego obtener la residencia dentro de los Estados Unidos incluso cuando no tengas a nadie que te solicite o te patrocine. Y no olvidemos mencionar la posibilidad de incluir a tu cónyuge, hijos y, posiblemente, otros miembros de la familia como derivados.

Si solicité asilo, ¿puedo solicitar una Visa Humanitaria?

Si. Debido a las bajas tasas de aprobación de asilo, cualquier persona que solicite asilo debe buscar otras opciones como posibles respaldos en caso de que su caso de asilo sea denegado.

¿ Me afecta la carga pública?

No. Por ley, la carga pública no puede afectar a solicitantes de VAWA, Visa U y Visa T. Tampoco afecta al solicitante que obtiene la residencia en base a una visa VAWA, Visa T o Visa U aprobada.

¿Puedo presentar una solicitud si tengo varias entradas indocumentadas y una deportación?

Si. Generalmente, tener múltiples entradas indocumentadas, una deportación o una orden de deportación no impedirá que una persona pueda presentar una solicitud.

¿Necesita un abogado que vaya conmigo a la cita de huellas digitales biométricas?

No. Puedes ir solo a la cita de huellas digitales. En la cita, deberás entregar tu recibo de cita a tu llegada. Entonces, serás llamado. A continuación, se tomarán tus huellas digitales y foto. Esto generalmente tomará menos de 10 minutos. Después, eres libre de irte.

¿Puedo recibir un permiso de trabajo o una licencia de conducir mientras espero?

No. No se ofrece permiso de trabajo ni licencia de conducir mientras tu caso está pendiente. Sin embargo, si te colocan en una lista de espera antes de que se apruebe tu caso, es posible que se te haya otorgado una acción diferida. La acción diferida te permitirá un permiso de trabajo, licencia de conducir y número de seguro social.

¿A quién puedo agregar como derivado?

Por lo general, los adultos mayores de 21 años pueden solicitar un cónyuge e hijos menores de 21 años solteros. Si el aplicante es menor de 21 años, también puede incluir puede incluir hermanos menores de 18 años solteros y padres.

Una vez que mi visa sea aprobada, ¿puedo viajar fuera de los Estados Unidos?

Viajar con una visa requiere permiso para viajar. Se puede solicitar el Advance Parole. Sin embargo, por lo general, no recomendamos viajar fuera de los Estados Unidos hasta que se te haya otorgado la residencia permanente, lo que no requiere que solicites permiso para viajar.

¿Qué me da la Visa Humanitaria si se otorga?

Tener una Visa Humanitaria otorgada le otorga un permiso de trabajo, permiso para obtener una licencia de conducir y un número de seguro social.